上市公司及相关主体
违规行为画像

A Profile of Violations by
Listed Companies and Related Entities

张 莉 李卓松 ⊙ 编著

清华大学出版社
北京

内 容 简 介

针对信息化环境下上市公司违规行为呈现出的违规形式复杂多样、违规手段花样翻新、违规行为危害巨大等特点，本书以资本市场监管为出发点，以实证研究为基础，以上市公司、会计师事务所等相关主体的违规行为为研究对象，利用人工智能及用户画像技术，对上市公司及相关主体的违规行为及关键因素进行画像，构建了包括上市公司监管政策、会计师事务所、上市公司行业类别、财务特征及公司治理等核心要素的数据集；对上市公司及会计师事务所两类主体的违规行为进行风险画像建模，设计了违规行为的群体画像及个体画像，了解并跟踪违规行为演变机理，识别关键特征；利用机器学习算法对上市公司及会计师事务所违规行为进行实证研究，预测异常用户，寻找防范上市公司违规行为发生的有效途径，在梳理现有国内外监管制度的基础上，为上市公司及相关主体的风险防范提供经验证据。

本书从大数据视角研究违规主体的行为特征，完善了大数据时代上市公司及相关主体的违规审计全局观；基于审计理论及人工智能技术，将机器学习算法运用于上市公司监管治理领域，体现了信息技术与经济监督的交叉融合，为资本市场监管及经济治理提供了有广泛应用价值的新技术；体现了多学科融合进行监管机制研究的技术群，对维护我国经济社会安全具有一定的理论价值和现实意义。

本书适合广大投资者、股东、监管部门相关人员以及会计、审计及其他财经类专业学生阅读。

本书封面贴有清华大学出版社防伪标签，无标签者不得销售。
版权所有，侵权必究。举报：010-62782989，beiqinquan@tup.tsinghua.edu.cn。

图书在版编目（CIP）数据

上市公司及相关主体违规行为画像 / 张莉，李卓松编著．
北京：清华大学出版社，2025.4. --（清华汇智文库）．
ISBN 978-7-302-68810-5

Ⅰ．F279.246

中国国家版本馆 CIP 数据核字第 202564RF67 号

责任编辑：王　青
封面设计：汉风唐韵
责任校对：王荣静
责任印制：丛怀宇

出版发行：清华大学出版社
网　　址：https://www.tup.com.cn，https://www.wqxuetang.com
地　　址：北京清华大学学研大厦 A 座　　邮　编：100084
社 总 机：010-83470000　　邮　购：010-62786544
投稿与读者服务：010-62776969，c-service@tup.tsinghua.edu.cn
质量反馈：010-62772015，zhiliang@tup.tsinghua.edu.cn
课件下载：https://www.tup.com.cn，010-83470410

印 装 者：三河市天利华印刷装订有限公司
经　　销：全国新华书店
开　　本：185mm×230mm　　印　张：10.75　　字　数：201 千字
版　　次：2025 年 4 月第 1 版　　印　次：2025 年 4 月第 1 次印刷
定　　价：99.00 元

产品编号：101500-01

前 言 PREFACE

习近平总书记在党的二十大报告中指出：我国发展进入战略机遇和风险挑战并存、不确定难预料因素增多的时期，各种"黑天鹅"、"灰犀牛"事件随时可能发生。我们必须增强忧患意识，坚持底线思维，做到居安思危、未雨绸缪，准备经受风高浪急甚至惊涛骇浪的重大考验。

中国的上市公司通过证券行业的桥梁在促进实体经济发展、助力资本市场成长壮大中起到了关键作用，在一定意义上奠定了我国经济快速发展的基石。当前信息技术与商业模式加速演进，大数据、生成式人工智能等先进技术的不断涌现和应用，为上市公司提供了强大的技术支撑和创新动力。这些技术的融合应用，进一步加速了企业数字化转型的步伐。通过信息技术重构业务流程，实现跨界融合和生态合作，持续创新商业模式，我国上市公司发展进入多元化、高度动态化和创新性的时期。

上市公司的信息质量是我国资本市场健康发展的基础。上市公司、会计师事务所等相关主体在会计信息质量披露中起着关键作用。中国资本市场经历了 30 多年的快速发展，为企业、投资者等利益相关者提供了公平的资本交易市场，与资本市场监管、上述主体的合法规范经营及信息披露密不可分。但值得注意的是，多年来，相关主体的违规现象也屡见不鲜。在数字经济新时代，如何主动识变应变求变，主动防范、化解风险成为上市公司及相关主体、投资者、监管部门迫切需要解决的关键问题。

本书以实证研究为基础，以资本市场监管为出发点，以上市公司、会计师事务所等相关主体的违规行为为研究对象，利用用户画像技术，设计了数据驱动的上市公司及会计师事务所两类群体的违规画像，揭示了当前违规群体及个体关键特征；构建了基于机器学习的违规行为预测模型，并进行了实证对比分析；基于此，提出了资本市场监管、违规行为防范与治理的建议。本书结合最新政策法规和市场实践，采用大数据、用户画像、机器学习等多种技术，将理论与实务操作相结合，构建以数据驱动的上市公司违规行为治理框架，具有较强的理论性、前瞻性与实用性，为强化经济风险治理的各界人士，提供了有实践意义的参考方案。

本书以资本市场监管为出发点，共分7章，第1、2章介绍了资本市场监管及上市公司违规等相关的理论基础；第3、5章以上市公司违规行为为主要研究对象，收集整理了包括上市公司违规行为、财务、治理等多源数据集，设计了上市公司违规风险画像，构建了基于机器学习的上市公司违规行为预测模型并进行了实证研究；第5、6章以会计师事务所违规行为为主要研究对象，设计了会计师事务所违规风险画像，构建了基于机器学习的会计师事务所违规行为预测模型并进行了实证研究；第7章从资本市场监管、上市公司、会计师事务所三个维度提出了强化风险防控的措施。

本书构建了一套系统的违规行为风险画像理论框架及技术方案，为资本市场监管者、上市公司、会计师事务所及其他相关主体提供相应的风险防控建议，对于完善上市公司及相关主体风险治理体系、推动和规范资本市场监管具有一定的理论价值及现实意义。

本书适合资本市场监管的相关政府部门、金融机构、行业协会、上市公司、会计师事务所等相关人员使用，同时也可供广大财经类专业人士、研究生参考。

本书的写作和出版得到了清华大学出版社和北京信息科技大学等单位的各位领导、专家和同仁、研究生的大力支持。本书由张莉、李卓松主笔，赵润彤、冯卿松、赵亮玉、许亦杨、王雪等研究生参与了第3至6章的撰写。

本书相关内容的研究得到了教育部人文社科规划基金（20YJAZH129）、北京信息科技大学管理学学科建设经费的资助。

张莉、李卓松

2024 年 8 月

目录 CONTENTS

第1章 绪论 1
  1.1 选题背景及意义 1
  1.2 资本市场各主体角色及职能 3
      1.2.1 上市公司 3
      1.2.2 中介机构 4
      1.2.3 监管机构 5
  1.3 上市公司及相关主体违规行为的文献回顾 6
      1.3.1 上市公司违规文献回顾 6
      1.3.2 会计师事务所违规文献回顾 13
      1.3.3 违规行为文献述评 14
  1.4 研究内容和目标 15

第2章 上市公司及相关主体的监管体制与现状 16
  2.1 上市公司的监管体制 16
      2.1.1 集中型监管体制 17
      2.1.2 自律型监管体制 18
      2.1.3 中间型监管体制 19
  2.2 我国上市公司的监管现状 20
      2.2.1 集中型监管体制的形成 20
      2.2.2 集中型监管体制与自律型监管体制的结合 21
      2.2.3 我国证券市场的自律监管 21
      2.2.4 《证券法》（2019年修订）后的上市公司监管 22
  2.3 会计师事务所的监管体制与现状 24
      2.3.1 会计师事务所单一监管阶段的形成 25

  2.3.2 会计师事务所监管体系的构建 ………………………………… 25
  2.3.3 《证券法》（2019 年修订）对会计师事务所监管的影响 ……… 26
 2.4 证券发行注册制下的监管转型 ……………………………………………… 27
  2.4.1 以问询函和监管函为主的非行政处罚性监管 ……………………… 27
  2.4.2 问询函和监管函的应用现状 ………………………………………… 29

第 3 章 上市公司违规行为画像 ……………………………………………… 31

 3.1 上市公司违规行为的内涵及分类 ………………………………………… 31
  3.1.1 股东违规自利 ………………………………………………………… 33
  3.1.2 财务违规 ……………………………………………………………… 33
  3.1.3 违规使用资金 ………………………………………………………… 33
  3.1.4 税务违规 ……………………………………………………………… 34
  3.1.5 其他 …………………………………………………………………… 34
 3.2 上市公司违规行为数据处理 ……………………………………………… 34
  3.2.1 多属性数据拆分 ……………………………………………………… 34
  3.2.2 "其他"违规类型下违规行为文本分析 …………………………… 34
 3.3 违规内容画像分析 ………………………………………………………… 36
  3.3.1 违规类型整体画像 …………………………………………………… 37
  3.3.2 考虑时间因素的违规类型画像 ……………………………………… 41
  3.3.3 违规类型存在关系画像 ……………………………………………… 42
  3.3.4 "ST"公司的违规类型画像 ………………………………………… 44
 3.4 违规主体画像分析 ………………………………………………………… 45
  3.4.1 违规频率画像 ………………………………………………………… 46
  3.4.2 所属行业画像 ………………………………………………………… 48
  3.4.3 财务特征画像 ………………………………………………………… 50
  3.4.4 公司治理特征画像 …………………………………………………… 58
  3.4.5 内部控制特征画像 …………………………………………………… 65
 3.5 高频违规公司的画像分析 ………………………………………………… 72
  3.5.1 违规类型分析 ………………………………………………………… 73
  3.5.2 违规类型存在关系分析 ……………………………………………… 73

  3.5.3 违规发生时间趋势分析 74
  3.5.4 违规行为内容分析 75
  3.5.5 财务特征分析 79
  3.5.6 公司治理特征分析 80
  3.5.7 内部控制缺陷分析 82
  3.5.8 审计师决策 84

第 4 章 基于机器学习模型的上市公司违规行为预测 86

 4.1 样本数据和指标的选择 87
  4.1.1 指标选择 87
  4.1.2 数据收集与处理 89
 4.2 机器学习模型的构建与评估 90
  4.2.1 Logistic 回归模型 90
  4.2.2 K 近邻模型 94
  4.2.3 支持向量机（SVM）模型 95
  4.2.4 随机森林模型 97
 4.3 研究结论与分析 101
  4.3.1 模型评价 101
  4.3.2 结论 102

第 5 章 会计师事务所违规行为画像 103

 5.1 会计师事务所行业画像 103
  5.1.1 会计师事务所的规模 104
  5.1.2 会计师事务所从业者的个体特征 107
 5.2 会计师事务所违规行为的分类及含义 111
  5.2.1 会计师事务所违规行为的分类 111
  5.2.2 会计师事务所违规行为的含义 112
 5.3 会计师事务所及会计师违规行为画像 115
  5.3.1 数据收集与处理 115
  5.3.2 会计师事务所违规行为画像 116

5.3.3　注册会计师违规行为画像 ………………………………………… 126

第 6 章　基于机器学习模型的会计师事务所违规行为预测 …………… 133

6.1　样本数据和指标的选择 …………………………………………………… 133
6.1.1　数据收集与处理 …………………………………………………… 133
6.1.2　指标选择 …………………………………………………………… 134

6.2　机器学习模型的构建与评估 ……………………………………………… 135
6.2.1　支持向量机模型 …………………………………………………… 136
6.2.2　决策树模型 ………………………………………………………… 138
6.2.3　随机森林模型 ……………………………………………………… 141
6.2.4　梯度提升树模型 …………………………………………………… 142

6.3　研究结论与分析 …………………………………………………………… 144
6.3.1　模型结果对比 ……………………………………………………… 144
6.3.2　结论 ………………………………………………………………… 146

第 7 章　上市公司及相关主体违规行为的防范与治理 …………………… 148

7.1　完善上市公司的内部治理 ………………………………………………… 148
7.1.1　优化上市公司股权结构 …………………………………………… 148
7.1.2　完善上市公司内部治理结构 ……………………………………… 150
7.1.3　建立有效的内部控制审计机制 …………………………………… 152

7.2　加大监管处罚力度 ………………………………………………………… 153
7.2.1　加强退市制度 ……………………………………………………… 153
7.2.2　提高处罚标准 ……………………………………………………… 154
7.2.3　发挥交易所自律监管机制 ………………………………………… 154

7.3　加强注册会计师行业监管 ………………………………………………… 156
7.3.1　建立健全会计师事务所质量管理 ………………………………… 156
7.3.2　建立高效的应对监管问询函机制 ………………………………… 157
7.3.3　提高注册会计师专业能力 ………………………………………… 157

参考文献 ……………………………………………………………………………… 159

CHAPTER 1 第 1 章　绪　　论

中国经济高质量发展是全面建设社会主义现代化国家的首要任务。构建高水平的社会主义市场经济体制离不开高质量发展的企业。作为行业领头羊，高质量的上市公司是实现经济社会高质量发展的基石和关键抓手，也是资本市场健康发展的基础。

1.1　选题背景及意义

中国的资本市场自 1990 年上海证券交易所（以下简称"上交所"）和深圳证券交易所（以下简称"深交所"）成立以来，在短短 30 多年间迅速发展。从最初的 8 只股票，发展到现在（截至 2024 年 5 月 30 日）A 股共有 5614 家上市公司[①]。上市公司通过证券行业的桥梁在促进实体经济发展、助力资本市场成长壮大中起到了关键作用，在一定意义上奠定了我国经济快速发展的基石。

但与此同时值得关注的是，上市公司的违规现象也层出不穷。1992 年 7 月 7 日，深圳最早发行的五只股票中涨幅最大的深圳原野实业股份有限公司股票自当日起暂停交易。此事成为中国证券市场建立以来第一起上市公司欺诈案，也诞生了中国股市中第一只被"停盘"的股票。这一上市欺诈案对于中国股市来说，是第一次敲响大股东占用上市公司资产和上市公司管理层贪污腐败问题的警钟，对于股民来说，也是第一次意识到股市的风险不仅来自股价的涨跌，更巨大的风险是上市公司的欺诈行为。股市的种种不规范行为，促成了包括中国证券监督管理委员会（简称中国证监会）在内的监管机构的诞生和一系列对资本市场规范监督的法律法规的出台。

1992 年 10 月 12 日，中国证监会成立，标志着中国证券市场统一监管体制开始形成。1997 年 3 月 14 日，新修订的《中华人民共和国刑法》在第八届全国人大五次会议上获得通过，从此内幕交易、编造传播虚假信息、操纵证券交易价格等犯罪行为将依法受到严惩，证券犯罪第一次被写进了刑法。1999 年 7 月 1 日，新中国首部《证券法》正式实施，标志

---

① 数据来源于国泰安数据库首次公开发行（A 股）数据表。

着中国资本市场法治化进入新阶段。2001年4月23日,PT水仙因连续四年亏损退市,这也是A股首家退市公司。18年后,2019年11月27日长生生物构成重大违法,成为被强制退市第一股。为了进一步规范上市公司的行为,建设更高效透明的资本市场,2020年3月1日,《中华人民共和国证券法》[①] 施行。作为资本市场根本大法,《证券法》在多个热点问题上取得重大突破,为我国资本市场行稳致远提供了坚强的法治保障,标志着我国资本市场的市场化、法治化迈上新台阶。2020年10月,国务院印发《关于进一步提高上市公司质量的意见》,指出要使上市公司运作规范性明显提升,信息披露质量不断提高,为建设规范、透明、开放、有活力、有韧性的资本市场,促进经济高质量发展提供有力支撑。2021年5月1日,《上市公司信息披露管理办法》(2021年修订)开始施行;2021年7月,中共中央办公厅、国务院办公厅印发了《关于依法从严打击证券违法活动的意见》,更加表明证券执法力度不断加强。

2022年4月9日,中国上市公司协会第三届会员代表大会召开,中国证监会主席易会满表示,探索上市公司高质量发展路径,要严格执行强制退市制度,坚决推动市场出清。上市公司依法合规发展是资本市场稳健运行的前提,治理防范企业违规对于维护市场秩序、营造良好的市场生态至关重要。在严格监管下,上市公司违规行为的整体分布及违规类型、违规程度、违规主体的分布及变化趋势会发生怎样的变化,其研究和探索对资本市场的健康发展具有重要意义。

2023年2月,中国证监会发布全面实行股票发行注册制相关制度规则,自公布之日起施行。我国证券市场迈入注册制时代。在此之前,我国核准制下的证券监管体制以市场准入为导向,发行人按照监管要求披露信息,监管部门对企业的价值和风险进行实质性评估,并做出是否允许其上市的决定。在这种监管体制下,主要由监管机关负责审核、稽查及追责等监管工作,不能充分体现市场化。即便是被看作资本市场"看门人"的中介机构,由于IPO市场的供给远小于需求,也容易异化为盲目地促成企业上市融资以获取高额佣金的逐利者。与核准制相比,注册制将股票发行权下放给市场,监管部门不再对企业的价值作实质性的评判,让市场来选择真正有价值的企业,企业信息披露发挥重要作用。因此,信息披露制度需要动员更多主体参与监管,充分发挥多元主体的积极作用。审计机构作为专业核查验证的首道防线之一,需要对发行人信息披露的真实性、准确性和完整性作出审查和判断,在提高资本市场财务信息披露质量、保护投资者合法权益、发挥资本市场优化

[①] 以下简称《证券法》,如无特别说明,均指2019年修订的版本。

资源配置功能等方面发挥重要作用。然而，截至 2024 年 2 月，据《南方都市报》报道[①]，已有 23 家会计师事务所收到了证监会系统开出的行政处罚决定书或行政监管措施，从中国证监会及各地证监局官网信息来看，监管开出的罚单达到 46 张，涉及 98 位从业人员。其中，年报审计成为违规重点区域。因此，作为资本市场相关主体之一，切实提升会计师事务所执业质量和风控水平至关重要。与此同时，监管部门对会计师事务所的尽责履职情况和执业质量也十分重视。因此，对于会计师事务所违规行为的探讨同样迫在眉睫。

1.2 资本市场各主体角色及职能

资本市场主体通常称为市场参与者，代表从事各类资本市场活动的机构、组织或个人，一般包括资本需求方与供给方、中介机构和政府监督管理机构。上市公司在资本市场发行股票或者债券，向社会公众筹集资金；投资者是资本的供给方；中介机构主要是证券经营机构、证券交易所、评估机构和审计机构；政府监管机构主要是中国证监会等监督管理部门。

1.2.1 上市公司

上市公司是资本市场上主要的资金需求方，它可以通过发行股票或者债券筹集资金。上市公司的高质量发展同资本市场上众多投资者的利益以及社会稳定紧密相连。近十年，资本市场蓬勃发展，根据国泰安数据库首次公开发行（A 股）数据表，截至 2024 年 5 月 30 日，共有 5614 家上市公司，上市公司数量大幅增加，直接融资规模呈指数型上升。在上市公司质量方面，资本市场为"三创四新""硬科技""专精特新"企业提供了更多的机会。注册制改革后，监管更注重企业的研发创新能力，国家对核心技术能力与创新给予了空前支持。在 5000 多家上市公司中，有近一半的公司属于战略性新兴产业。以科创板为例，前三大行业分别为新一代信息技术产业、生物产业和高端装备制造产业，公司创新水平显著提升。

《证券法》实施后，全面推行证券发行注册制，并强化信息披露义务。《证券法》规定，上市公司及其管理者，即发行人及法律、行政法规和国务院证券监督管理机构规定的其他信息披露义务人，应当及时依法履行信息披露义务；信息披露义务人披露的信息，应当真

---

① 超 20 家会计师事务所收证监会罚单：年报审计成违规重灾区 [EB/N]. 南方都市报，2024-02-18，https://new.qq.com/rain/a/20240218A07IEG00.

实、准确、完整，简明清晰，通俗易懂，不得有虚假记载、误导性陈述或者重大遗漏。证券市场信息披露主要是指上市公司以招股说明书、上市公告书以及定期报告和临时报告等形式，把公司及与公司相关的信息，向投资者和社会公众公开披露的行为。上市公司信息披露是上市公司与投资者和社会公众全面沟通信息的桥梁。投资者和社会公众对上市公司信息的获取，主要是通过大众媒体阅读各类临时公告和定期报告。投资者和社会公众在获取这些信息后，可以将其作为投资抉择的主要依据。因此，上市公司真实、全面、及时、充分地进行信息披露至关重要。

1.2.2　中介机构

资本市场的中介机构是投资者和上市公司之间的纽带，作为资本市场的第三方，是市场正常运作的重要组成部分。根据现有文献研究，资本市场的证券中介机构包括证券公司、会计师事务所、律师事务所、资产评估机构等，它们都为上市公司发行股票提供相关中介服务。《证券法》将其划分为证券公司和证券服务机构。证券公司经营证券业务，如证券经纪、证券投资咨询、与证券交易和证券投资活动有关的财务顾问、证券承销与保荐、证券融资融券、证券做市交易、证券自营等。证券服务机构为证券的交易及相关活动提供服务，包括会计师事务所、律师事务所以及从事证券投资咨询、资产评估、资信评级、财务顾问、信息技术系统服务的证券服务机构。中介机构在资本市场上应勤勉尽责，严格实施信息披露制度，发挥"看门人"作用，保护投资者的经济利益不受损害，保障资本市场健康良好运转。中介机构在资本市场上各有分工，负责组织和指导上市公司披露相关信息，承担着监督上市公司披露信息的真实、准确和完整的法定义务。中介机构及其从业人员应当具备专业服务的独立性、职业地位的权威性、身份特征的专家性、从业环境的依附性、职业后果的责任性、管理体制的行业自律性等法律特征，这些法律特征相互作用，督促中介机构在市场活动中做好"看门人"，使其他市场参与主体对之产生合理信赖。

《证券法》第七十九条规定："上市公司、公司债券上市交易的公司、股票在国务院批准的其他全国性证券交易场所交易的公司，应当按照国务院证券监督管理机构和证券交易场所规定的内容和格式编制定期报告，并按照以下规定报送和公告：在每一会计年度结束之日起四个月内，报送并公告年度报告，其中的年度财务会计报告应当经符合本法规定的会计师事务所审计。"同时，第一百三十九条中规定："国务院证券监督管理机构认为有必要时，可以委托会计师事务所、资产评估机构对证券公司的财务状况、内部控制状况、资产价值进行审计或者评估。"会计师事务所在资本市场上的影响力是毋庸置疑的，通过为上市公司提供公告信息审计服务等证券服务，维护利益相关者的权益，保障资本市场有序运行，在资本市场上具有重要地位。在注册制强调信息披露制度的要求下，会计师事务所在上市公司信息披露的各个环节都发挥着重要作用；在上市公司证券发行环节对发行资质进行把关；在证券上市之后对每期财务报告信息进行独立审计，做出审计评价，保证投资者做出投资决策所需信息的真实性、准确性。勤勉尽责、保持独立性和专业性的会计师，可以对上市公司是否存在经营风险、管理层是否失信舞弊等问题作出警示，对资本市场的健康发展具有重大责任和义务。

1.2.3 监管机构

资本市场中的证券监管行为，主要包括行政监管、自律监管等维护资本市场规范、稳定运行和发展的指导、监督和管理活动。我国的监管体制是集中型和自律型监管兼而有之。集中型监管体制下，中国证监会为证券监管的行政机关，依法对证券市场实行监督管理，维护证券市场公开、公平、公正，防范系统性风险，维护投资者合法权益，促进证券市场健康发展。自律型监管体制下，根据《证券法》第七章证券交易场所第九十六条、第十一章证券业协会第一百六十四条的规定，我国自律监管机构为证券交易所和证券业协会。中国证监会依法对证券交易所和证券业协会进行监督管理、指导和监督。

《证券法》对我国证券市场监管机构的职责做了明确的规定。国务院证券监督管理机构依法对证券市场实行监督管理，维护市场公开、公平、公正，防范系统性风险，维护投资者合法权益，促进证券市场健康发展，这是我国证券市场政府主导性的体现。

《证券法》规定，国务院证券监督管理机构在对证券市场实施监督管理中履行的职责包括十个方面：第一，依法制定有关证券市场监督管理的规章、规则，并依法进行审批、核准、注册、办理备案；第二，依法对证券的发行、上市、交易、登记、存管、结算等行为，进行监督管理；第三，依法对证券发行人、证券公司、证券服务机构、证券交易场所、证券登记结算机构的证券业务活动，进行监督管理；第四，依法制定从事证券业务人员的行为准则，并监督实施；第五，依法监督检查证券发行、上市、交易的信息披露；第六，依法对证券业协会的自律管理活动进行指导和监督；第七，依法监测并防范、处置证券市场风险；第八，依法开展投资者教育；第九，依法对证券违法行为进行查处；第十，法律、行政法规规定的其他职责。

我国证券市场监管机构中，行政处罚委员会与上市公司违规处罚相关，其主要职责体现在：制定证券期货违法违规认定规则，审理稽查部门移交的案件，依照法定程序主持听证，拟定行政处罚意见。

1.3 上市公司及相关主体违规行为的文献回顾

在中国知网上，通过搜索"公司违规"主题词，对中国社会科学引文索引（CSSCI）期刊的学术论文进行筛选，共检索出2002—2024年（截至2024年6月）22年间与上市公司违规行为有关的311篇论文。如图1-1所示，对上市公司违规行为的研究一直处于上升趋势，而且在《证券法》发布之后，发文数量出现了一个高峰，可见学术界对资本市场监管的高度关注。

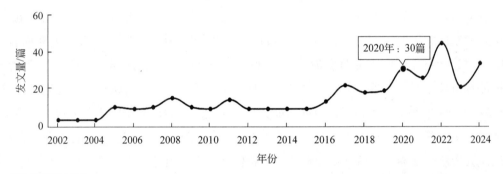

注：图片来自中国知网。

图1-1 发文数量年度趋势

如图1-2所示，在这些研究文献中，出现频率较高的关键词，除了公司违规、上市公司等属于研究主题类别词语之外，投资者、公司治理、内部控制、信息披露、控股股东、独立董事、会计师事务所等关键词出现的频率较高，这些关键词的出现映射了上市公司违规行为的主要类型和相关动因。此外，在上市公司违规中扮演重要角色的除了监管部门，出现最频繁的是会计师事务所。由此可见，在资本市场中介机构中，会计师事务所作为上市公司相关主体最受关注。

对每一类出现的关键词进行的更进一步探索发现，反映了学者们在不同角度、不同层面，对上市公司违规行为的影响因素及经济后果的关注。

1.3.1 上市公司违规文献回顾

对上市公司违规行为的研究一直是学术界和监管机构关注的重点。本小节从上市公司

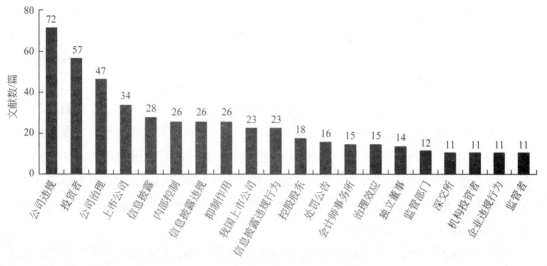

注：图片来自中国知网。

图1-2 文献热点关键词分析

违规行为的影响因素和经济后果两个方面对现有研究进行回顾。

（1）上市公司违规影响因素的文献回顾

① 外部环境与上市公司违规

上市公司的行为受到外部环境的影响，包括经济环境、政治环境、法律环境、文化环境和市场环境等。而对于上市公司所处的资本市场监管的相关研究，也并不局限于资本市场的监管政策对上市公司违规的影响。

资本市场的监管环境和制度设计是上市公司直接面临的外部环境。监管部门不断加强对上市公司的检查频率。班旭等（2022）[1]和滕飞等（2022）[2]研究表明，证监会随机抽查制度通过改善公司治理、规范信息披露两条路径抑制公司违规。何雁等（2023）[3]发现当地区首次发生上市公司重大违规被证监会立案调查的事件后，不仅违规公司股价显著下跌，同地区其他上市公司的股票收益表现也显著变差。地区制度环境越差或公司信息环境越差，违规信息的地区溢出效应越强。此外，学者们结合中国特殊的制度背景，从企业违规的视角明确了卖空机制发挥治理作用的约束条件。从市场化治理的视角出发，学者认为卖空机制显著降低了标的公司的违规倾向，提升了违规稽查概率，而且缩短了违规稽查时间；同时，标的公司违规发生年份的融券力度明显增加，这表明卖空者确实具有信息优势且对违规行为更为敏感。机制检验揭示，卖空机制通过治理效率和信息效率两条路径对违规行为发挥双重治理作用，即卖空机制强化了内部治理中大股东和独立董事对违规行为的监督干预，从而抑制了事前违规倾向；同时也增加了资本市场中的分析师关注及违规负面信息传播效率，进而提升了事后违规稽查概率（徐细雄，2021）[4]。在融资融券的推出对公司违规的影响的研究方面，学者们认为融资交易与公司违规显著正相关，但融券与公司违规并不存在显著关系。进一步分析发现，公司经理人的自利程度越低，非控股股东监督力量越强，公司信息透明度越高，境外审计师参与审计，则融资交易与公司违规之间的正向关系越不显著（武晨、王可第，2020）[5]。这说明，在同时存在融资机制，并且融资交易的规模占绝对比例的情境下，卖空机制无法有效发挥治理作用。同时，资本市场开放在发现和防范上市公司违规行为方面扮演着重要角色，"沪港通"的开通有助于减少上市公司的违规行为（邹洋等，2019）[6]。

上市公司的主要经营环境受到宏观经济环境的显著影响。经济政策的不断变化，会在上市公司融资、业绩提升等方面带来不同程度的压力，从而导致上市公司的违规概率提高（陆超和王宸，2022[7]，胡海峰等，2023[8]）。尤其是在缺乏内部控制有效管理、核心竞争力较弱以及风险承担能力较差的民营企业中，公司违规受到不确定的经济政策的影响更加显著。近几年，在数字经济背景下，数字金融可以通过降低企业的融资约束和信息不对称以及提升内部控制质量，减少企业违规（董小红等，2024）[9]。优化营商环境通过减轻企业经营压力（缓解融资约束、降低纳税负担）、改善企业内部控制以及强化企业外部监督（吸引机构投资者和分析师关注），降低了其违规行为发生的概率（吴世农等，2023）[10]。税收征管数字化升级显著抑制了上市公司信息披露违规的发生和次数，其中存在通过改善信息环境和优化公司治理抑制信息披露违规的双重传导路径；地区税收征管强度和行业竞争程度的提高会强化税收征管数字化升级对上市公司信息披露违规行为的抑制作用（牛彪等，2023）[11]。

政治环境也会对上市公司产生不可避免的重要影响。政治关联是学界一直探讨的问题。政府作为上市公司的采购大客户要想降低企业违规频率，主要通过降低经营压力、改善内部控制和加强外部监督（王伊攀、朱晓满，2022）[12]。在近几年反腐败力度逐年加强的背景下，高官落马显著提高了中国上市公司违规行为的披露率，高官落马每增加1人次，上市公司违规行为披露率就提高3个百分点（张弛等，2020）[13]。在重要政治会议召开前夕，高官落马对上市公司违规行为披露的促进作用增强，为如何完善国家治理体系和促进企业发展提供了有效的参考依据。

文化环境作为影响上市公司行为的非正式制度，也发挥着潜移默化的作用。学者们认为：儒家文化、彩票文化、媒体关注对企业信息违规披露有显著影响。儒家文化对企业信息披露违规具有显著的抑制作用，即企业所受到的儒家文化影响程度越高，企业信息披露违规的概率和频次就越小（潘子成等，2022）[14]。地区彩票文化越盛行，个体的冒险倾向和风险容忍度越强，企业财务违规的可能性越大。异质性分析结果表明：当企业面临的业绩压力较大时，彩票文化对企业违规的正向影响更加明显，而良好的治理水平有利于缓解二者之间的关系；在彩票文化浓厚的地区，企业财务决策偏于激进，财务信息质量较低（王菁华，2021）[15]。媒体关注度越高，上市公司违规行为发生的可能性越低；相比正面新闻，负面新闻更能显著减少公司违规行为；不同类型的媒体对上市公司违规行为的约束力存在差异，政策导向类媒体能显著减少违规行为，市场导向类媒体的作用有限；对于国有企业，媒体主要通过行政干预机制实现监督职能，对民营企业则主要通过声誉机制。由此建议推进市场化竞争体制，鼓励媒体自由发声，并合理引导媒体的舆论功能，减少上市公司的违规行为，保障中小投资者利益（杨宜、赵一林，2017）[16]。

② 公司治理与上市公司违规

对于公司治理对上市公司违规的影响，学者们主要关注公司股东、高管、董事和监事的治理和监督作用。

在公司股东层面，主要分为控股股东和非控股股东的不同影响。非控股股东可以降低企业违规的可能性和违规频次，他们不仅能通过积极发声的方式，也能通过退出威胁的方式抑制企业的违规行为，尤其是针对信息披露和公司经营类的违规行为；非控股股东在非国有企业中对企业违规行为的治理效应更强（余怒涛等，2021）[17]。大股东控制权越大，公司违规倾向越低，其违规行为被稽查出的可能性越高；而且大股东控制显著降低了经营层违规倾向，增加其违规行为被稽查出的可能性，但却显著降低了股东违规被稽查出的可能性（王敏、何杰，2020）[18]。大股东在股权质押期间存在规避控制权转移风险的机会主义动机，导致公司信息披露违规概率增加。但有效的外部治理机制能够发挥监督治理作用，约束大股东的机会主义行为。随着放松卖空限制和机构投资者持股比例增加，股权质押公司的信息披露违规概率显著降低。此外，大股东股权质押对公司信息披露违规行为的影响在低投资者保护地区、非国有企业以及无政治关联企业中更为显著，而且这一关系主要存在于隐藏坏消息的公司中。同时，这种影响随着大股东股权质押比例和质押期限的增加而增强，但公司经营违规概率在大股东股权质押期间并未显著增加（张晨宇、武剑锋，2019）[19]。另外，股东关系网络也能抑制企业违规，股东之间可以通过降低信息不对称及增加企业获取稀缺资源的能力提升投资质量（鲁春洋，2023）[20]。违规行为在股东联结关联公司间存在显著的正向行为溢出效应,即关联公司的违规行为显著提高了存在股东联结公司发生违规行为的概率。上市公司违规决策的行为溢出效应主要来源于交流式学习机制和观察式学习机制。上市公司存在共同股东时,有更多的社会网络联结和社会活动联系,为股东联结关联公司间的交流式学习模仿奠定了基础(蒋赛楠等,2023)[21]。

高管的薪酬、任职结构也对公司违规行为有着一定的影响。高管团队稳定性对公司违规行为有显著负向影响;高管团队稳定性提高了信息披露程度,进而影响公司违规行为;当违规行为已成既定事实时,高管团队稳定性不利于违规稽查(徐鹏等,2022)[22]。纵向兼任高管通过降低管理层的代理成本降低了公司的违规倾向和违规次数,在内部控制较为薄弱和信息环境较差的企业中,纵向兼任高管的违规治理效应更加显著,并且主要抑制了信息披露违规和公司经营违规(乔菲等,2021)[23]。高管的货币薪酬越高,高管持股比例越高,正在实施股票期权激励的企业,违规的概率越低;并且高管团队垂直薪酬差距与企业违规行为显著正相关(徐筱凤等,2019[24];魏芳、耿修林,2020[25])。近年来,公司的违规行为逐渐组织化、团队化,而分裂的高管团队会显著增加公司违规的倾向和概率(陈华、王壮,2024)[26]。员工持股计划是近年来兴起的员工激励措施,股票期权激励在有员工持股计划的企业有助于减少企业违规行为(王姝勋、郑雨桐,2024[27];洪峰等,2024[28])。

上市公司的董事会结构,董事性别比例和独立董事、监事的任职也是学者们广泛关注的领域。研究表明,当企业代理成本较高时,董事选举得票率对企业违规行为的抑制作用显著增强。董事选举得票率越高,企业违规行为发生的概率越小、次数越少、严重程度越低(周泽将,2022)[29]。独立董事换届"未连任"现象与公司违规行为之间的关系是:存在独立董事换届未连任现象的公司在换届当年和后一年发生违规行为的可能性显著增加,职业关注程度更高的独立董事,换届未连任所传递的公司违规信号更加强烈,女性董事占比增长有助于预测公司治理表现(刘思敏等,2021[30];陈丹、李红军,2020[31])。董事会非正式层级对公司违规行为存在显著的负向影响,环境不确定性对二者关系具有显著的正向调节效应,董事长是否拥有最高非正式层级对二者关系具有显著的负向调节效应(刘振杰等,2019)[32]。董事高管责任保险是新《证券法》的一大亮点,董事高管责任保险的引入能够抑制公司违规行为(雷啸等,2020)[33]。在内部控制质量较差和机构投资者占比较低的企业中,董事高管责任保险对公司违规行为的抑制作用更为显著。董事高管责任保险和内部控制以及机构投资者的交互效应也能显著抑制公司违规行为,这说明董事高管责任保险在治理水平较差的公司中能够发挥"监督效应",而且能与公司自身的内部控制和机构投资者治理机制联动共同抑制公司违规行为。董事高管责任保险通过降低企业信息不对称风险来抑制公司违规行为。独立监事能有效减少企业违规行为并促进企业获取更高质量的审计（易颜新等，2022）[34]。

此外，近几年的混合所有制改革、数字化转型是国有企业改革转型的重点内容。研究发现，混合所有制程度越高的公司，其违规行为越少，相比经营违规和一般违规，混合所有制对信息披露违规以及严重违规的治理作用更明显。进一步的研究显示，混合所有制能够显著降低公司的违规倾向，但对违规稽查概率无显著影响；混合所有制主要通过优化内部控制、提高信息透明度来抑制公司的违规行为；此外，所处地区法律环境较差的公司，混合所有制的违规抑制效应更明显（梁上坤等，2020）[35]。数字化转型可以显著降低公司违规倾向，显著增加公司违规后被稽查的概率；优化内部治理机制（提高内部控制水平、信息披露质量和管理者能力）与强化外部监督水平（提高分析师关注度和长期机构持股水平）是数字化转型降低公司违规概率的重要途径（谢勇等，2023）[36]。

注册制广泛推行的情况下，学者们更加关注企业信息披露与违规行为之间的关系，利用文本分析的方法对不同结构的信息进行挖掘。在年报信息与公司违规行为的关系方面，李双燕等（2023）[37]研究表明 MD&A 文本情绪与公司的违规行为负相关，对 MD&A 细分后她们发现，"展望"部分文本情绪与上市公司违规行为的负相关性弱于"经营情况概述"部分。郭松林等（2022）[38]分析了年报语调和可读性对违规行为的影响：随着年报文本负面语调指标的提升及可读性指标的降低，公司违规概率和违规的严重程度显著增大；年报语调和可读性指标能够传递公司财务困境以及经营风险的增量信息，进而有助于识别公司潜在的违规风险。张熠等（2022）[39]利用 LDA 主题模型深度挖掘年报语义信息并构建银行年报的主题指标，在多种机器学习模型上对比主题指标与常用的财务指标、文本特征指标及其与主题指标的合并指标在检测上市银行违规时的性能后发现，年报文本主题内容对上市银行的违规行为有一定的预测作用，且与单一传统指标相比，主题指标可以提升传统指标的违规识别性能。

学者们发现，公司治理中存在的上市公司信息披露违规的底层逻辑是实际控制人的动机驱使。受不同违规动机的驱使，实际控制人会在核心高管和非核心高管之间灵活控制信息的传播半径，刻意制造高管团队内部信息不对称，致使部分公司治理制度失灵。路军伟等（2022）[40]通过梳理上市公司信息披露违规处罚决定发现，现行信息披露监管虽然在事后处罚方面能够有效识别主要参与者，但是事中监督的识别效率不足，无法有效识别信息披露违规的动机及其路径。段一奇等（2022）[41]对上市公司信息披露违规驱动因素的结构关系进行解构，认为上市公司信息披露违规的驱动因素结构模型包含 5 个层级、3 个层次,即表象层包括内部控制标准体系、内部审计机构定位、内部控制重视程度、资产规模、资产负债比率、每股净收益、净资产收益率;中间层则包括股权结构、股东大会、董事会、监事会、审计机构独立性、审计人员的素质和责任心、经济环境、竞争程度、税收征管力度;根源层包括政策法规、证券市场监管、证监会处罚力度、媒体报道。

③ 外部治理与上市公司违规

上市公司的外部治理不仅包括证监会、交易所等监管机构的监管,投资者、新闻报道、评级机构等也会对其有一定的治理作用。毕金玲等(2023)[42]研究表明,ESG评级会通过缓解公司的融资约束及吸引证券分析师的关注,抑制公司的违规行为。投资者关注通过发挥信息效应与监督效应抑制公司违规行为(肖奇、吴文锋,2023)[43]。何理等(2022)[44]利用爬虫程序Python对东方财富网个股股吧中的网友评论数据进行百万条量级的爬取后,计算出各家上市公司的网络中心度指标,研究结果表明,社交媒体网络中心度越高的公司,未来发生违规行为的概率越小。陈峻等(2022)[45]以客户议价能力度量客户对上市公司的影响,以违规概率和程度度量上市公司财务违规,对我国2007—2019年A股上市公司的研究表明,上市公司的客户议价能力越强,其发生财务违规的可能性越大,财务违规的程度越高。

④ 会计师事务所与上市公司违规

审计监督对抑制上市公司违规起到了积极作用。研究表明,审计师行业专长能够显著降低公司违规倾向以及提高公司违规被稽查的可能性,支持"监督效应",审计师行业专长通过降低代理成本和信息不对称程度抑制了公司违规倾向。对于内部控制质量较低以及实施进攻型战略的公司,审计师行业专长对违规倾向的抑制作用以及对违规被稽查可能性的提高作用更突出;审计师行业专长能够有效缩短公司违规被稽查的时间、抑制公司实施严重违规行为(周静怡等,2022)[46]。分析师关注能够降低企业违规倾向、减少企业违规次数,从而有效抑制企业违规行为;信息透明度在分析师关注与企业违规行为之间发挥部分中介效应。在非国有控股、内部控制较差、审计质量较低的上市公司中,分析师关注对企业违规行为的抑制作用更加显著。为加强企业合规监管和投资者保护,建议监管部门进一步完善分析师制度,以保证分析师的独立性和提升分析师关注的质量(袁芳英、朱晴,2022)[47];桂爱勤、龙俊雄,2018)[48])。张斐燕等(2022)[49]研究表明对过高审计费用的限制可以有效遏制上市公司管理者掩饰违规行为,促进外部审计监督机制在降低上市公司违规负面影响中发挥作用。

（2）上市公司违规行为经济后果的文献回顾

学者们对违规行为经济后果的研究围绕股价崩盘、审计师与审计收费、集团信息传递等方面展开。

学者们认为上市公司违规行为与股价崩盘风险显著正相关。当公司内部和外部治理水平较差、公司信息不对称程度较高时，上市公司违规行为与股价崩盘风险的正相关关系更加显著（沈华玉、吴晓晖，2016）[50]。公司违规行为显著增大了公司股价崩盘风险。区分违规主体类型来看，股东违规行为对公司股价崩盘风险的影响不明显，而管理层违规行为显著增大了公司股价崩盘风险。其内在机制解释是管理层违规行为增加了公司的垂直委托代理成本，影响了公司运营效率，从而增大了公司股价崩盘风险（杨洁飞、李银珠，2023）[51]。

信息披露违规使违规公司的声誉受损进而提升审计费用，也使违规公司更可能被监管机构纳入日后监管的"重点名单"进而提升审计费用，审计师也更可能出具非标准无保留审计意见。信息披露违规提升审计费用的路径，一部分源自更多的审计投入，另一部分则源自风险溢价。对于企业而言，当企业捐赠更多或经营效率更高时，信息披露违规对审计费用的正向影响会被弱化（黄灿、王妙媛，2021）[52]。针对审计收费越高，公司违规的可能性反而越大这一高收费与高违规之谜，学者们构建了审计师与经理人共生博弈模型加以解释：管理层为了掩饰公司的违规行为，通过收买审计师粉饰审计报告，审计师则基于自身的利益决定是否接受管理层的收买，故高额审计收费不仅没有促使审计师更加努力地工作，反而诱发审计师与经理人之间的合谋（王可第、武晨，2021）[53]。当集团中有企业受到违规处罚时，同一集团未受处罚的成员企业的短期和长期市场反应均显著为负，即违规处罚的信息传递效应；在此之后，其他成员企业的业绩表现显著下降，即绩效传递效应，并且受到的处罚越严重，绩效传递效应越大。集团实际控制人的现金流权和两权分离程度对违规处罚的绩效传递效应有显著的调节作用。将绩效指标进行分解，当集团中有企业受到违规处罚时，同一集团其他成员企业的资产周转率提高、销售费用率减少，但管理费用率、财务费用率和借款成本显著增加（辛宇等，2019）[54]。韩炜等（2022）[55]以审计定价模型为切入视角，探讨了违规公告内容与审计收费的关系，并进一步剖析违规诱增审计收费的作用机制。研究发现，违规公告异质性内容会对审计收费产生差异化影响，违规类型严重性和多样性、处罚措施严厉性均会显著诱增审计收费，而处罚措施多样性不会显著提高审计收费。违规公告文本内容能协助审计师评估风险，也表明不同情境下违规对审计收费的作用机理存在差异性。

1.3.2 会计师事务所违规文献回顾

以信息披露为核心的 IPO 注册制是资本市场的重要改革，而会计师事务所在其中的作用是重要但尚未深入研究的话题。鲁桂华等（2020）[56]基于中国证监会对会计师事务所行政监管的数据以及科创板的独特场景研究了会计师事务所在受到非行政处罚性监管这一政府监督之后，是否会对强调市场监督的注册制 IPO 审核问询过程产生影响。结果发现，会计师事务所被非行政处罚性监管的次数越多，IPO 客户会收到更多轮数的审核问询函和更多的问题数目，IPO 客户的回函时间更长，IPO 客户的审核时间更长，发行市盈率更低，上市后股票收益波动率更高。国内学者对于会计师事务所违规的研究较少，多以案例研究为主。王璇（2021）[57]以 A 会计师事务所为案例，介绍其具体违规行为，说明受罚情况，并分析违规受罚前后对其的影响，再细化分析 A 会计师事务所违规行为的原因，包括 A 会计师事务所审计独立性的缺失、A 会计师事务所竞争困境、市场对高声誉审计缺乏需求、A 会计师事务所违规成本低。朱叶笛（2020）[58]对瑞华会计师事务所违规的原因和违规的经济后果进行深入的案例研究，通过统计瑞华会计师事务所的违规内容和处罚结果，从内部和外部两个角度对违规原因进行分析总结，得出瑞华会计师事务所合并具有缺陷、总分所管理存在问题、扩张战略与审计资源不匹配、审计市场存在供求矛盾以及外部监管威慑力较弱的结论。曾亚敏和宋尧清（2024）[59]以行政处罚决定书为研究对象，以会计师事务所违反审计准则为标准，对会计师事务所违规行为进行分类，实证检验得出结论，即客户公司的财务重述与审计违规的相关程度最高，且与全部类型的审计违规都保持显著相关。

1.3.3 违规行为文献述评

现有对违规行为的研究多是从上市公司角度展开的。上市公司是资本市场的中坚力量，上市公司的高质量发展是研究学者关注的重点，尤其是探寻上市公司发生违规行为的背后动因，现有研究成果对违规行为的影响因素、违规经济后果的分析较为深入、透彻，其成果对抑制相关违规行为、有效识别违规特征具有一定的积极意义。但是，由于上市公司违规行为随时间变化而呈现多样性、复杂性特征，以及违规成本和获利空间的极度不对等性、信息不对称性的影响，现有研究成果仍存在一些有待深入研究的问题：对上市公司违规行为的实时性、多样性缺乏系统分析，对违规风险的揭示手段仍停留在经典统计分析方法上，利用大数据技术对潜在的隐性风险进行智能分析有一定的研究空间。

越来越多的学者开始关注会计师事务所的违规行为，尤其是注册制背景下，信息披露越来越重要，会计师事务所的职责越来越重要。而中介机构中另一个重要角色——证券公司，由于披露数据较少，鲜有文献直接对证券公司的违规行为进行研究。

因此，本研究拟采用信息技术方法，对上市公司、会计师事务所等的违规行为进行风险画像，构建智能模型实现对上市公司及社会审计机构的风险预警，从而构建上市公司的监管机制，防范上市公司违规风险，促进上市公司高质量发展。

1.4 研究内容和目标

近年来，资本市场一直在加强监管、防范风险。一方面，随着上市制度的不断迭代，发行人第一责任和中介机构"看门人"责任凸显，上市公司财务造假、资金占用等重点领域的违法违规行为日益受到监管部门和投资者的重视。另一方面，随着会计师事务所从事证券服务业务开始实行备案管理，会计师事务所从事证券服务业务准入资格也有所降低，会计师事务所的执业质量出现良莠不齐的现象，发生违规行为和审计失败的会计师事务所增加，扰乱了市场经济的正常秩序。

综上，本书以资本市场监管为出发点，以上市公司、会计师事务所等相关主体的违规行为为研究对象，利用人工智能及用户画像技术，对上市公司及相关主体的违规行为及关键因素进行画像，构建了包括上市公司监管政策、会计师事务所、上市公司行业类别、财务特征及公司治理等核心要素的数据集；对上市公司及会计师事务所两类主体的违规行为进行风险画像建模，设计了违规行为的群体画像及个体画像，了解并跟踪违规行为演变机理，识别关键特征；利用机器学习算法对上市公司及会计师事务所违规行为进行实证研究，预测异常用户，寻找防范上市公司违规行为发生的有效途径，为上市公司及相关主体的风险防范提供经验证据。

第2章 上市公司及相关主体的监管体制与现状

资本市场的高质量发展对我国经济的健康稳定运行起着重要作用。2024年1月16日，习近平总书记在省部级主要领导干部推动金融高质量发展专题研讨班开班式上指出："要着力防范化解金融风险特别是系统性风险。金融监管要'长牙带刺'、有棱有角，关键在于金融监管部门和行业主管部门要明确责任，加强协作配合。在市场准入、审慎监管、行为监管等各个环节，都要严格执法，实现金融监管横向到边、纵向到底。各地要立足一域谋全局，落实好属地风险处置和维稳责任。"近几年，全球金融风险的传导、股价暴涨暴跌、投资者利益的保护机制亟待提高等诸多现实，对我国金融监管提出了更高的要求，金融监管思路逐渐调整、监管策略逐步向"以信息披露为中心"转型，着力解决信息不对称的"透明度监管"成为我国资本市场监管的基石（曹松威，2019）[60]。在证券监管体制内，监管主体包括政府监管机构和自律监管机构，政府证券监管机构（如中国证监会）实施对全国证券业的监管；从被监管主体来看，除了对上市公司的监管之外，还包括对证券业的其他全部主体的监管。本章将对上市公司的监管体制及其相关主体会计师事务所的监管体制加以介绍，这有助于理解上市公司违规行为的发生与监管机构、会计师事务所各主体之间的关系。

2.1 上市公司的监管体制

上市公司监管体制是指一国为使其上市公司规范运行而采取的监管体系、监管结构和监管体制的总称。资本市场对上市公司监管包括对上市公司的监督和管理两个方面。上市公司监督是指国家相关主管部门对上市公司的治理结构、并购重组、证券发行和交易等活动进行的经常性的监督和检查，以保护公司和投资者的合法权益，使证券市场有序运行的行为。上市公司管理除了对上市公司相关活动实施督促、检查之外，还包括进行组织、领导、协调和控制等行为。实施上市公司监管的主体是国家的证券监管机关及其他自律监管机构，上市公司监管的实施对象是上市公司的治理结构、并购重组、证券的发行和交易等一系列活动。

由于每个国家的政治、经济、文化和证券市场的发展程度不同，所以上市公司监管体制的形成和发展也有各自的特点。从总体上讲，监管体制可分为集中型监管（或称政府主导型监管）、自律型监管和中间型监管。

2.1.1 集中型监管体制

在集中型监管体制下，证券市场中的专门证券法规是由政府制定的，通过设立全国性的监督管理机构进行统一管理。政府在证券市场的管理中承担十分积极的角色，并处于实质上的主导地位，证券交易所、证券商协会等各种自律组织发挥协助作用。政府直属的财政部、中央银行或其他独立于政府相关机构的专职机构是维护证券市场政策运行的具有监管职责的证券管理机构，以严格制定的法律法规作为执法的依据。美国和日本的证券市场是典型的集中型监管体制。

美国证券市场监管体制作为集中型监管体制的代表，其特点反映在由政府制定专门的上市公司与证券业管理的法规。以政府为主导的美国证券监管机构设置上，第一层次是由政府介入并经法律确认的证券业专管机构（包括证券交易委员会和各州政府证券监管机构），第二层次是各种自律性监管机构（包括证券交易所、全国证券交易商协会等组织），从而形成了一个主要由政府监督与指导，各类自律组织协同监管的监管体系。

美国的证券业监管制度经历了较长时期的演变。为了防范和制裁证券欺诈行为，1913年前后，美国有23个州制定了证券监管法。这些监管法只在本州范围内有效，且对本州证券市场的监管起着重要作用。1920—1933年，美国的证券市场中存在操纵市场、欺诈投资人和散布虚假信息的现象。在罗斯福总统的推动下，1933年和1934年分别颁布了《证券法》和《证券交易法》。依据1934年的《证券交易法》，成立了美国证券交易委员会（The Securities and Exchange Commission of American，SEC），对全美范围内的证券发行、交易等行为以及券商、投资公司等主体进行全面的依法监管。作为美国证券业的最高监管机构，SEC的宗旨是：保护证券发行者、投资者、交易者的正当权益，防止证券活动中的过度投机行为；维持证券市场相对稳定的价格水平；配合联邦储备委员会及其他金融监管机构，形成一个分工明确、灵活有效的金融监管体系。美国SEC执法机制的形成经历了一个长期的过程，执法手段不断增强。例如，对内幕交易者处以非法所得或者所避免损失的3倍罚款、对违规者直接要求责令改正、申请临时冻结公司已支付给其董事或高管人员的不合理报酬等（李东方，2013）[61]。

1935—1988年，美国又颁布了一系列证券法律或法案，如《公共事业控股公司法》《信托契约法》《证券投资者保护公司法》《威廉姆斯法案》《内幕交易制裁法》《内幕交易与证券欺诈施行法》。20 世纪 90 年代以后，美国证券市场进一步扩大，证券监管立法方面相继出现了《证券法执行救济法》《证券实施补充与股票改革法》《市场改革法》《金融服务现代化法》等法案，规定建立大额交易的报告和记录制度，对违反证券法的行为进行经济处罚。这些法律使 SEC 对证券市场的监管更加有效，增强了制裁力度。2002 年安然事件爆出的会计丑闻打击了美国投资者对资本市场的信心。为了改变这一局面，美国国会通过了《公众公司会计改革和投资者保护法》，即《萨班斯-奥克斯法案》。该法案在 1933 年的《证券法》和 1934 年的《证券交易法》的基础上，以保护投资者为目的，强化了与公司金融相关的各项规定，是联邦政府颁布证券相关法律以来的重大改革。

集中型监管体制具有统一的证券法规从而提高了证券市场监管的权威性，监管手段集中，违规的惩罚措施严明，当市场出现过度投机等混乱局面时能够发挥协同优势。同时，监管主体较为独立，也更有利于保护投资者权益。但集中型监管体制也有一些不足之处：超脱于市场之上的法规制定者和监管主体有可能使市场监管脱离实际、缺乏效率，存在对突发事件反应慢、处置不及时的风险；政府在监管过程中起主导作用可能会导致监管成本过高（崔喜君等，2013）[62]。

2.1.2 自律型监管体制

与集中型监管体制相对应的是自律型监管体制，即政府除履行一些必要的国家立法职责外对证券市场干预较少，证券交易所、证券商协会等自律组织则承担对市场监管的主要职能，一般不单独设立专门的证券监管机构。在这种模式下，对违法违规行为的处置权通常是由自律组织掌握的，发挥对法律的补充或替代作用。该模式对证券从业者的自我约束和自我管理能力要求较高。自律型监管体制下，证券市场各主体及参与者更侧重自我管理，市场参与者的主动性和活跃程度最高，市场行为的竞争性与创新性得到更大的发挥。

20 世纪 90 年代之前，英国一直被认为是自律型监管体制的典型代表。1986 年以前，英国没有专门的证券业监管机构，证券市场的运行主要靠证券业的自律组织及证券市场的参与者自我约束、自我管理。英国的证券交易所负责英国证券市场的日常监管。三个自我监管机构包括证券交易所协会、收购与合并问题专门小组和证券业理事会，以制定非立法的行为规则来约束市场上的参与者。如果发现违法行为，自律组织会将提案交给有关政府部门，由政府部门进行调查和起诉。由此可见，英国自律型监管体制下，不制定直接的统一证券市场监管的法规，规范英国证券市场的法律制度也比较分散，有关证券业监管的法规主要是间接的法律规定（如《公司法》等）以及自律组织的规章制度。20世纪90年代以后，自律型监管体制逐渐不能适应瞬息万变的证券市场要求，在1997年英国金融服务监管局成立以后，英国自律型监管体制逐渐向集中统一的监管体制转变。

在英国一系列涉及证券市场的法律法规中，《公司法》《金融服务法》和《金融服务和市场法》在英国证券业发展中起到了重要作用。其中，《公司法》对证券交易活动制定了详细规则，主要包括对发行上市的批准要求和上市协议、禁止内幕交易以及禁止证券交易商直接同大众投资者进行交易等。随着英国金融体制的全面改革，1986年英国议会通过的《金融服务法》起到了关键作用。根据该法，成立了证券与投资委员会，由国务大臣授权对各证券管理自律组织和证券市场的金融服务企业进行统一管理，证券监管逐步有集中统一的趋势。在《金融服务法》颁布之后，英国的证券监管制度更加现代化，这部法律也更加强调保护投资者利益，增加了对财务报告和业务活动的调查，扩大了禁止内幕交易的范围，对违法行为加大了处罚力度。2000年英国议会通过了《金融服务和市场法》，确立了金融服务监管局的法律地位，根据该法制定了适用于整个金融市场所有被监管机构的"监管11条"。自此，英国的自律型监管体制实现了向集中监管与自律约束相结合的证券监管体制的转化。

自律型监管体制的优势体现在政府不需要直接介入上市公司监管的日常事务，只需行使最终的裁判职能。自律组织更了解证券市场的最新变化，能够更加灵活地监控、预防和执法，监管成本较低。但是，自律组织兼具经营者和监管者的双重身份，使其基于自身利益而形成利益集团和行业垄断，从而不利于公众投资者，投资者利益缺乏有效的保障。

2.1.3 中间型监管体制

随着证券市场的复杂多变，以英国为代表的自律型监管体制逐渐开始制定一些成文法从而建立集中的监管体制，而集中型监管体制也充分发挥自律组织的监督管理作用，越来越重视行业内的自我约束与监管，所以集中监管和自律监管的双重体制得到逐步推行。

中间型监管体制是介于集中型监管体制（或称政府主导型）和自律型监管体制之间的一种监管体制，它既实行集中统一的政府监管，又注重自律组织的自律监管，是立法监管和自律监管的双重体制。法国、德国等欧陆国家实施的普遍为中间型监管体制。

法国证券交易所管理委员会是政府监管的职能机构，是对证券业实施监管的最重要的机构，其主要职责体现在对证券市场交易进行监督管理，制定和修正证券相关的规章制度，决定证券交易所的交易程序及证券报价，对参与证券交易的公司及其行为进行检查等。证券经纪人协会和证券交易所协会均为行业自律组织。证券经纪人协会主要负责监管协会成员和证券经纪人的日常经营活动，稽核和惩处证券经纪人的违法行为，审核申请上市的公司的资料，组织实施证券市场交易的监督和管理等。证券交易所协会主要为证券交易所监管委员会提供咨询。由此可见，法国既有专门的政府监管机构，又充分发挥行业的自律作用，两种监管体制取长补短，促进了本国证券市场的健康发展。

德国在证券监管方面，也采取了中央集中监管机构、证券交易所等自律组织以及各州交易所监管的中间型监管体制。1896年，德国政府制定了《证券交易法》，是德国最初的证券市场立法。1995年之后，德国设立了联邦证券交易监管局作为中央集中监管机构，由此形成了三级监管，包括联邦证券交易监管局、以证券交易所为代表的自律组织和各州交易所。2002年4月，德国成立联邦金融监督管理局，直接隶属于总统，将银行、保险及证券期货业务的三个监管部门合并在一起，以实现经济稳定、保护投资人利益、促进市场公平透明的目标。

法国、德国的上市公司监管体制将集中型监管体制与自律型监管体制的优势结合在一起，以监管为主、自律为辅，各级监管机构协同监督和管理，也成为世界各国证券市场监管的发展趋势。

2.2　我国上市公司的监管现状

2.2.1　集中型监管体制的形成

20世纪90年代，我国上市公司监管主要以集中型监管为主。1996年8月，国务院证券委发布了《证券交易所管理办法》，指出由中国证监会对证券交易所的活动进行统一监管。随后，1997年8月，上海证券交易所和深圳证券交易所由中国证监会直接监管，体现了中国证监会在上市公司监管中的主导作用。随着证券监督管理体制的进一步改革，1998年8月国务院发布了《证券监管机构体制改革方案》，建立了全国集中统一监管体系，在一些城市设立了证监会派出机构，中国证监会及其派出机构对证券业务进行集中统一监管。1998年9月，《关于中国证券监督管理委员会职能配置、内设机构和人员编制规定的通知》明确了证监会的主要职责，主要包括相关法律法规、方针政策、发展规划、有关规章的研究与制定，各级监管机构的统一领导以及各类证券活动的监管等。由此，集中型监管体制下的，以中国证监会为主要监管机构的体制基本形成。

1999年7月1日,《中华人民共和国证券法》(简称《证券法》)正式实施,标志着集中型证券监督管理体制在此基本法的基础上确立,提高了监管效率、避免了多头监管,更好地对投资者利益进行保护。同时,中国证监会为唯一独立的最高证券监管机构。

2.2.2 集中型监管体制与自律型监管体制的结合

随着我国加入世界贸易组织和进一步对外开放,国内外经济、金融环境发生巨大变化,1999年实施的《证券法》在2005年进行修订,《证券法》的此次修订属于较大程度的修改,在2006年1月1日正式实施。2005年修订的《证券法》确立了证券发行、上市保荐制度,建立了发行申请文件的预披露制度,拓宽了社会监督渠道,加强了社会公众监督;规定监管部门有权查询、查阅和复制相关单位和个人的"问题账户"和资料,为监管部门查明案情、打击违法行为增加了执法手段,加强了监管部门及相关司法部门的执法规范性、可操作性、加强了监管力度,完善了法律责任体系;修订后的《证券法》赋予自律组织证券交易所核准公司上市、暂停或终止上市的权力以及一线监管者的法律地位,有利于发挥自律组织的监管作用;此外,加强了对证券公司的监管力度,有助于防范和化解资本市场的风险。

2.2.3 我国证券市场的自律监管

"自律监管"就是将自我规制和对外监督融合在一起,既包括律己也包括律他:一方面,加强对于自身行为的自我约束控制;另一方面,监督特定主体的言行。我国证券发行与交易活动中的自律管理,主要通过中国证券业协会、证券交易场所和证券服务机构等自律性机构实施。

中国证券业协会是1991年8月经中国人民银行批准,由中国证监会予以资格认定并经民政部核准登记的全国性自律管理组织,其会员是各类证券经营机构,会员大会是其最高权力机关,决定协会的重大事项。《证券法》(2019年修订)第一百六十六条规定,证券业协会履行下列职责:第一,教育和组织会员及其从业人员遵守证券法律、行政法规,组织开展证券行业诚信建设,督促证券行业履行社会责任;第二,依法维护会员的合法权益,向证券监督管理机构反映会员的建议和要求;第三,督促会员开展投资者教育和保护活动,维护投资者合法权益;第四,制定和实施证券行业自律规则,监督、检查会员及其从业人员行为,对违反法律、行政法规、自律规则或者协会章程的,按照规定给予纪律处分或者实施其他自律管理措施;第五,制定证券行业业务规范,组织从业人员的业务培训;第六,组织会员就证券行业的发展、运作及有关内容进行研究,收集整理、发布证券相关信息，提供会员服务，组织行业交流，引导行业创新发展；第七，对会员之间、会员与客户之间发生的证券业务纠纷进行调解；第八，证券业协会章程规定的其他职责。

股票实施注册制是将一部分发行审核权由证监会下放至交易所，此时的交易所不仅是直接的证券市场参与者，同时也是市场的监管主体。随着交易所在证券市场的角色变化，交易所在建立自律监管上也会面临更多挑战。证券交易场所包括证券交易所和国务院批准的其他全国性证券交易场所。证券交易所和国务院批准的其他全国性证券交易场所为证券集中交易提供场所和设施，组织和监督证券交易，实行自律管理，依法登记，取得法人资格。证券交易所、国务院批准的其他全国性证券交易场所的设立、变更和解散由国务院决定。国务院批准的其他全国性证券交易场所的组织机构、管理办法等，由国务院规定。根据《证券交易所管理办法》的规定，证券交易所组织和监督证券交易，实施自律管理，应当遵循社会公共利益优先原则，维护市场的公平、有序、透明。证券交易所的职能包括：提供证券交易的场所、设施和服务；制定和修改证券交易所的业务规则；依法审核公开发行证券申请；审核、安排证券上市交易，决定证券终止上市和重新上市；提供非公开发行证券转让服务；组织和监督证券交易；对会员进行监管；对证券上市交易公司及相关信息披露义务人进行监管；对证券服务机构为证券上市、交易等提供服务的行为进行监管；管理和公布市场信息；开展投资者教育和保护；法律、行政法规规定的以及中国证监会许可、授权或者委托的其他职能。

我国证券市场的自律组织还包括一些证券服务机构。根据中国证监会及其他国家机关发布的有关规定，会计师事务所、律师事务所、资产评估机构等中介机构及其从业人员，依照国家有关规定，对公开发行股票的公司的财务报告、资产评估报告、招股说明书和法律意见书等进行审核鉴证，实行监督，并承担相应的法律责任。

在注册制实施下的运行环境中，证监会的审核权下放到证券交易所，在这种情况下，行政机关监管和证券交易所自律监管都被纳入了国内证券市场监管体系中，所以不管哪一方都对维护证券市场秩序起到重要作用。

2.2.4 《证券法》（2019年修订）后的上市公司监管

2019年修订的新《证券法》合计14章，比原法新增了信息披露和投资者保护两个专章；合计新增24个条文，删除了24个条文，完全没有变动的条文仅有50条，是自2005年之后又一次较大幅度的修订（曾斌、金祥慧，2022）[63]。此次修订的核心亮点体现在"作出全面推行证券发行注册制、显著提高证券违法成本、完善投资者保护制度、强化信息披露义务、压实中介机构责任等制度改革"。①

第一,《证券法》(2019年修订)将股票发行制度由核准制全面调整为注册制,完善公开发行条件。2005年修订的《证券法》规定证券公开发行实行核准制,即发行人需要符合发行证券的条件,证券主管部门按照相关法律法规对发行人提交的材料进行审核,发行人得到核准后才能发行证券。而《证券法》(2019年修订)规定公开发行证券在符合法律法规条件后依法报经授权的部门注册,体现了以信息披露为核心、较高市场化强度的证券发行方式。此外,证券发行条件得以简化。公开发行新股的要求为公司具有持续经营能力,不再是原来的"具有持续盈利能力";对"财务会计文件无虚假记载"和"无其他重大违法行为"等内容进行优化和具体化。在公司债券发行方面,债券发行从核准制调整为注册制,取消公司净资产规模要求和"累计债券余额不超过公司净资产40%"的要求等,使发行条件得以简化。

第二,《证券法》(2019年修订)从罚款倍数、罚款数额和罚款比例等方面加大行政处罚力度,提高上市公司违法违规成本。近几年,上市公司违规行为频发,严重影响了资本市场的高质量发展以及损害了广大投资者的利益。《证券法》(2019年修订)修订的核心亮点之一为显著提高证券违法成本,从罚款倍数、罚款数额和罚款比例等方面加大行政处罚力度,严厉惩戒上市公司违规行为。其表现在,将行政罚款倍数上限提高至十倍;大幅提升有关罚款比例,对于擅自发行证券募集资金和欺诈发行的,规定罚款为所募集资金的10%~100%,在提升上限的同时,扩大裁量范围;大幅提高罚款数额,如将欺诈发行的罚款数额提高到2000万元。在2014年修订的《证券法》中,仅对内幕交易、虚假陈述、操纵市场等证券违法行为作出了民事赔偿责任的规定,《证券法》(2019年修订)对利用未公开信息交易、编造传播虚假信息等违法行为也作出了民事赔偿责任的规定。此外,《证券法》(2019年修订)对于操纵证券市场违法行为、短线交易违法行为的行政处罚罚金大幅提高,增加了违法成本。在信息披露违法处罚方面,尤其是加大了对财务造假的惩处力度。《证券法》(2019年修订)第197条将上市公司信息披露违法行为分为两类:未按规定披露(一般理解为定期报告或临时公告未披露)以及虚假陈述(虚假记载、重大遗漏和误导性陈述),并在处罚金额以及主管人员和实际控制人责任方面加以区分。对上市公司信息披露违法行为,从原来最高可处以60万元罚款,提高至1000万元;对发行人的控股股东、实际控制人组织、指使从事虚假陈述行为,或者隐瞒相关事项导致虚假陈述的,规定最高

---

① 《关于贯彻实施修订后的证券法有关工作的通知》(2020年2月29日)。

可处以1000万元罚款。保荐人、会计师事务所、律师事务所、资产评估事务所等中介机构都将承担连带责任，处罚幅度也由原来最高可处以业务收入5倍的罚款，提高到10倍。由此可见，显著加重了上市公司违规行为的法律责任。值得一提的是，上市公司违规处罚力度加重还体现在2021年3月1日正式实施的《刑法修正案（十一）》中对欺诈发行、信息披露造假、中介机构提供虚假证明文件和操纵市场四类证券期货犯罪的刑事惩戒力度。这些举措都体现了2019年《证券法》修订后，"强监管"时代的到来。

第三，《证券法》（2019年修订）新增"投资者保护"专章，对投资者保护的相关内容增设了相应的制度，具体包括：新增投资者适当性制度；明确区分了普通投资者和专业投资者，规定证券公司在与普通投资者发生纠纷时承担举证责任；新增征集投票权制度、现金分红制度；在债券投资人保护方面，新增债券持有人会议制度和债券受托人制度；新增先行赔付制度和代表人诉讼制度，明确证券民事赔偿诉讼可实行集体诉讼制度。本次修订为中国证监会后续的持续监管提供了法律支持。

第四，《证券法》（2019年修订）完善了证券交易所自律监管制度。新增交易所因突发事件、异常交易等履行临时处置措施时的民事责任善意豁免制度。《证券法》明确了证券交易所履行自律管理应维护公共秩序的原则，规定交易所在突发事件下进行技术性停牌和临时停市的职责，并规定了异常交易处理制度，以及交易所的民事责任"善意豁免"制度。

第五，《证券法》（2019年修订）完善了上市公司收购制度。包括限定权益披露股份种类，将计算权益变动的股份限制为"有表决权的股份"；调整收购权益披露和限售规定，将增减5%的限售期延长一天；增加5%以上股东每增减1%进行报告的要求，但不限制买卖，明确对于违反权益披露超比例买入的股份在36个月内限制表决权。在权益披露的内容方面，增加了有关收购资金来源的规定。完善要约收购制度，对于变更要约收购作出了四个方面的限制性规定，并允许要约中对于不同种类股份可以给出不同收购条件。此外，规定延长收购后的限售期，将收购后的股份限售期延长至18个月。

2.3　会计师事务所的监管体制与现状

自我国注册会计师行业恢复重建以来，政府一方面对注册会计师行业展开脱钩改制、推进合并等改革，另一方面构建了"法律规范、政府监管、行业自律"的监管体系。在政府监管方面，对注册会计师行业承担监管职责的政府部门包括财政、证券监管、税务和工商等多个部门，并以财政和证券监管为主。财政部门负责对注册会计师审计质量的全面管理，每年对会计信息质量和会计师事务所执业质量进行检查。中国证监会主要通过查处违法违规上市公司，从而对参与违法违规上市公司审计工作的会计师事务所进行查处。对于从事证券服务业务的会计师事务所和注册会计师，也经历了从较为严格的审核制到强调信息披露的备案制的发展过程。

2.3.1 会计师事务所单一监管阶段的形成

21世纪初，上市公司舞弊与注册会计师审计失败的案件成为全世界关注的焦点，导致了人们对审计市场失灵的怀疑和公司治理运动的发展。各国证券监管机构和证券交易所通过完善投资者保护法律法规，加强对上市公司信息披露的监管，提高了对会计师事务所执业质量的要求。美国于2002年发布了《2002年上市公司财会改革和投资者保护法》，紧接着证券交易委员会连续发布了12项规章，都要求对上市公司与会计师事务所实行严格监管（刘明辉、汪玉兰，2015）[64]。

我国1993年颁布《中华人民共和国注册会计师法》(以下简称《注册会计师法》)，结束了之前会计师事务所及注册会计师行业缺乏规范统一管理的混乱监管局面，所涉及的监管体系构建都应以《注册会计师法》规定的原则为基础。1996年，注册会计师与注册审计师、注册会计师协会与注册审计师协会合并（"两师两会"合并）后，财政部成为合并后的注册会计师协会的主管单位，实现了行业的统一监管。同时，《注册会计师法》规定，财政部和中国证监会对从事证券业务的会计师事务所进行资格审核，对会计师事务所及注册会计师的从业年限、职业资格等进行严格的统一监管。

2.3.2 会计师事务所监管体系的构建

1998年，《关于执行证券期货相关业务的会计师事务所与挂靠单位脱钩的通知》(财会协〔1998〕22号)要求所有执行证券、期货相关业务的会计师事务所，必须按要求在人员、财务、业务、名称四个方面，按规定与挂靠单位实行彻底脱钩，这体现了独立的审计市场初步形成。会计师事务所进行了组织形式的变更，改为合伙制或有限责任制。2018年，关于印发《关于推动有限责任会计师事务所转制为合伙制会计师事务所的暂行规定》的通知（财会〔2018〕5号）指出为做好《会计师事务所执业许可和监督管理办法》（财政部令第89号）的贯彻实施，推动会计师事务所采用合伙组织形式，进一步优化内部治理，提升执业水平。

在证券服务方面，2000年，证监会与财政部发布了《注册会计师执行证券、期货相关业务许可证管理规定》对会计师事务所证券从业资格进行授予。2001年12月30日，中国证监会发布《公开发行证券的公司信息披露编报规则第16号——A股公司实行补充审计的暂行规定》，公司在首次公开发行股票并上市，或上市后在证券市场再筹资时，应聘请具有执行证券期货相关业务资格的国内会计师事务所，以及获中国证监会和财政部特别许可的国际会计师事务所对其进行双重审计。这种特殊规定体现了监管部门对注册会计师行业较为严格的监管。随后该特殊规定在2005年取消，2007年，中国注册会计师协会（简称中注协）发布了《关于推动会计师事务所做大做强的意见》；2009年，财政部发布了《关于加快发展中国注册会计师行业的若干意见》，加大了对审计市场的开放程度，对促进审计市场的改革与发展产生了重大的影响。

但是，在2005年之前，没有一名注册会计师和一家会计师事务所因审计失败而承担民事赔偿责任，如果审计人员违反相关规定，通常是由主管部门给予行政处罚，即使投资者想起诉上市公司和审计人员以寻求赔偿，法院也不予受理或者相关要求无法执行。随着2006年开始实施新证券法和新公司法，我国资本市场的法律环境得到改善。另外，会计准则和审计准则的出台，为监管提供了统一依据，会计师事务所因违规而支付的民事赔偿金额逐步增加。同时，中国注册会计师协会也增强了对会计师事务所的监管，2011年，发布了《会计师事务所执业质量检查制度改革》，旨在增强会计师事务所系统风险检查，强化事前事中管理。

2007年，财政部通过了《中国注册会计师协会注册会计师和会计师事务所信息披露制度》。根据该制度，中国注册会计师协会将通过行业管理信息系统实时披露注册会计师和会计师事务所相关信息，供社会公众和事务所服务对象实时查询。同时，通过协会网站、新闻媒体等扩大行业监控体系信息披露范围和信息披露的社会影响，提高了审计市场的透明度，为审计市场的监管提供了便利。

2.3.3 《证券法》（2019年修订）对会计师事务所监管的影响

2020年3月1日开始施行的《证券法》（2019年修订）全面推行证券发行注册制，同年8月24日起施行的《会计师事务所从事证券服务业务备案管理办法》，将从事证券业务的会计师事务所的资格审批制修改为备案制，并要求"报国务院证券监督管理机构和国务院有关主管部门备案"，即会计师事务所应当向财政部和证监会"双备案"。这一改革举措体现出注册会计师行业为深化落实"放管服"改革政策，提升注册会计师行业的监督管理的效率，以形成市场自我调节与政府监管的良性互动，激发审计市场的活力，促进注册会计师提升执业质量，进而提高上市公司信息披露质量（张庆龙，2021）[65]。

证券发行的注册制降低了公司上市的门槛，将会有更多的公司进入资本市场，使审计业务量大幅增加，将会有更多的会计师事务所参与审计市场竞争，从而需要提升会计师事务所的执业质量要求。国务院办公厅《关于进一步规范财务审计秩序促进注册会计师行业健康发展的意见》（国办发〔2021〕30号）将"显著优化执业环境，持续提升审计质量"写入"总体要求"；财政部于2021年10月18日发布的《注册会计师法修订草案》首次将"建立、实施质量管理制度"规定为会计师事务所的重要法定职责；2020年3月1日起施行的《证券法》进一步压实了中介机构的法律职责，显著提升了违法违规成本。在股票发行注册制的背景下，会计师事务所的审计工作被赋予了更多的责任，也被提出了更高的要求。2022年1月21日，最高人民法院发布《关于审理证券市场虚假陈述侵权民事赔偿案件的若干规定》，进一步夯实了中介机构（保荐机构、律师事务所、会计师事务所、资产评估机构等）对财务造假活动的法律责任。由此可见，会计师事务所违法违规的惩戒力度逐步加大，会计师事务所和注册会计师需要不断加强执业质量规范。

2.4 证券发行注册制下的监管转型

市场监管作为宏观调控的重要手段，能够克服市场的不完善性，在一定程度上有效控制市场失灵的现象。我国证券市场的监管措施可大致分为行政处罚性监管与非行政处罚性监管。一直以来，我国资本市场监管以证监会、财政部、审计署的行政处罚性监管为代表，但自2013年"注册制"改革和"信息披露直通车"制度实施以来，对上市公司的监管由传统的行政处罚监管转为以交易所为主体进行的自律监管，我国交易所开始尝试监管转型，提出以问询函的方式进行非行政处罚性监管，将针对信息披露的监管从事前监督转移到了事后审核（章贵桥等，2023）[66]。

2.4.1 以问询函和监管函为主的非行政处罚性监管

问询函是指证券交易所通过函件等方式，要求上市公司在指定期限内对特定问题进行回复的一种监管方式。问询函对上市公司的负面影响相对较小，没有进行通报批评、罚款等实质性处罚，同时还能提高上市公司的信息透明度，防范、化解重大风险，维护中小投资者的合法权益。我国当前的研究文献表明，交易所问询函主要是上交所与深交所开展的事后监管，监管的主要对象为上市企业，要求企业进行相应的信息披露（陈运森等，

2018）[67]；与证监会的"处罚性监管"存在差异，问询函可以被看成是一种"非行政处罚性监管"（陶雄华、曹松威，2019）[68]，其目的在于规范上市公司行为及信息披露，保护投资者合法权益；对一些尚未解决或回复不清晰的问题，交易所还会再次发函问询。我国问询函主要的发函机构为上海证券交易所与深圳证券交易所。证券交易所在针对上市公司有关信息进行审核的过程中，如果发现上市公司存在问题却没有达到被证监会"直接监管标准"的地步，则会针对公司的股票波动状况、财务报告、重组、关联交易情况等重大问题进行发函，要求上市公司在规定的时间内回复并且进行函件内容的公开披露。

上海证券交易所针对上市公司存在的问题发出问询函，其问询函主要分为3类，即定期报告事后审核意见函、重大资产重组预案审核意见函、其他类问询函。定期报告类的问询主要针对的是年报、季报等定期报告中说明不清晰或存在信息前后矛盾的地方，要求上市公司、注册会计师、独立董事等作出进一步说明，在一定程度上反映了公司在信息披露上的不足。而重组类的问询函中，证券交易所主要就交易方案是否合理、标的资产是否存在瑕疵、相关公司及项目的未来盈利能力、是否存在关联交易、业务承诺与补偿是否合理等问题做进一步追问。除这两种函件外，其他关注类的问询函则是证券交易所对公司在日常交易与管理中发生的变动给予的关注。无论是公司董事会成员变动，或是公司卷入诉讼，还是公司代表在公众场合发表的言论，都可能被问询。而能被证券交易所关注到的行为，市场自然也会多几分警惕。深圳证券交易所的监管问询类型较多，有10种类型，分别是非许可类重组问询函、问询函、违法违规线索分析报告、许可类重组问询函、监管函（会计师事务所模板）、提请关注函（会计师事务所模板）、年报问询函、向中介机构发函、半年报问询函、关注函、公司部函、三季报问询函。其中不仅涉及公司的内部经营情况，还包括财务报告情况，在外部还涉及中介机构及会计师事务所。

监管函用词中性、语气缓和，是一种提示性的函件，一般只针对性质不恶劣、情节较轻、危害程度不高的违规行为。监管函中，通常针对监管事项、违反规定和涉及的对象做出具体的指向和说明，其中，监管事项包括未及时履行信息披露义务、未在要求期限内对有关事项进行充分解释说明、违规减持行为、违规买卖股票四项；违反的规定在大多数情况下是《股票上市规则》《中小企业板上市公司规范运作指引》《创业板上市公司规范运作指引》和《信息披露业务备忘录》中的一种或两种；涉及的对象包括上市公司，上市公司董事、监事、高级管理人员，持股5%以上的股东，控股股东，实际控制人，中介机构人员，保荐机构人员以及其他人员。监管函要求上市公司对信息披露过程中不规范、不完整、不准确、尚未严重化的问题作出说明和修正，而不进行实质性的处罚，是一种情节较轻的监管公开方式，发函的目的是希望信息披露义务各方吸取教训，遵守各项法规和规定，及时、真实、准确、完整地履行信息披露义务。近年来，这种新式的监管体制引发了媒体和投资者的广泛关注，函件信息往往在资本市场发酵进而影响股价（周欢，2019）[69]。

作为信息直通车改革背景下的一种独特的制度实践，监管函明显区别于传统的证监会处罚性监督，却又在严厉程度、发出程序、具体功能上与问询函等监管措施有比较明显的区别。一是由于监管函是在公司违规但无法进行处罚的情况下由交易所等有一线监管职能的机构发出的，意味着发函机构的权威性不如证监会，所针对的问题并不算十分严重；二是由于交易所规定通过信息直通车业务的公司必须对收到的监管函及回函进行披露，使监管函有正外部性溢出作用，能引发媒体、机构投资者等市场参与者对其产生关注与治理；三是监管函直接说明公司未披露的信息与违规的行为，与问询函要等待公司自行补充信息不同，虽然公司仍可在回函时说明情况或提出整改措施减轻影响，但其严重性和确定性相比问询函等函件则远过之（吴浩哲，2020）[70]。

2.4.2 问询函和监管函的应用现状

虽然处罚性监管可以有效抑制上市公司违规，然而，随着市场监管体制改革的深化，基于"放松管制、加强监管"理念的监管转型措施逐步实施，信息披露直通车得以推广，信息披露方式由"证券交易所审核后披露"向"上市公司自主披露后证券交易所进行监管"转变，证券交易所事后监管职能不断凸显，以问询函和关注函为代表的非行政处罚性市场监管日趋成为证券交易所对上市公司公告实行事后监管的主要途径（陈运森等，2019）[71]。非行政处罚性监管的作用也不可忽视，监管的意义不是为了处罚，而是为了杜绝舞弊，提高信息披露水平，维护投资者的合法权益。近年来证监机构频繁对上市公司出具问询函，问询函形式的非行政处罚性监管逐渐成为资本市场重要的监管手段。

首先，由于无须经过调查、取证等环节便可对公司公告中可能存在的不合规问题启动监管措施，非行政处罚性监管更可能从源头上识别监管目标潜在的运作风险问题，通过问题公开、督促整改等手段建立维护市场秩序的第一道防线（彭雯等，2019）[72]。这意味着非行政处罚性监管不仅能够对存在潜在问题的公司产生警示作用，直接规范公司行为，而且可以通过及时公告函件信息引发其他市场参与者更广泛的关注与更强的监督，即借助市场力量间接产生积极治理作用。证券交易所问询函已经被证实是一种效果较好的监管措施，既能识别、发现上市公司的问题，又能对上市公司造成影响，促使其提高信息透明度（刘建勇、张雪琪，2020）[73]。已有文献的研究成果表明，问询函有较好的识别效果，既能够发现并购重组中的风险，也能够在盈余管理、财务违规、内部控制等方面发现问题。问询函的种类、内容、特征和公司内外部环境都会对事件的市场反应造成影响，公司在收到问询函和回复问询函时的市场反应也不一定相同，但是已有研究均表明问询函会造成公司股价波动。部分学者对问询函与审计的关系进行了研究，发现审计师行为也会受到问询函的影响。此外，问询函还对被问询公司业绩预告、盈余管理、高管更换等产生影响，与公司融资也有着密不可分的联系（鲁晟迪，2021）[74]。

其次，也有研究发现，资本市场对收函公告有显著为负的市场反应，对回函公告有显著为正的市场反应，市场认可财务报告问询函的非行政处罚性监管作用。此外，部分上市公司特征以及财务报告问询函特征会影响市场对问询函的反应敏感性。就公司特征而言，公司收函公告前最近年度的会计稳健性越好、崩盘风险越大以及年审会计师事务所为前八大时，市场反应越负面；公司回函公告前最近年度的会计稳健性越好、年审会计师事务所为前八大时，市场反应越正面。就财务报告问询函特征而言，当收函公告内容涉及内部控制时，市场反应更负面；当回函公告是回复证监局（而非交易所）时，市场反应更负面；当回函是针对二次问询时，市场反应更负面；当回函公告涉及内部控制时，市场反应更正面；当回函公告涉及税时，市场反应更负面；当回函需要独立董事发表专业核查意见时，市场反应更负面。投资者在收函公告发布期间更关注公司的自身特征，而在回函公告发布期间更关注财务报告问询函的自身特征。结论表明问询函性质的非行政处罚性监管措施并不是"纸老虎"，对监管层的资本市场监管政策具有较强的启示作用。

最重要的是，问询函对公司违规具有正向的预测作用，且能够提高收函公司未来财务违规稽查的可能性。王春峰等（2020）[75]发现，相较于未收函公司，收函公司未来财务违规被稽查的概率、频率和违规严重程度均更高。在经过一系列稳健性检验后，上述结果依然稳健，表明交易所非处罚性公告对于公司违规具有正向的预测作用，能够发挥一线监管的监管作用。进一步渠道分析发现，问询函对公司违规被稽查的预测效果在信息不对称程度较高、公司治理环境较差的公司中更为显著。此外，问询函细分特征也会显著影响公司违规的预测效果。

问询函和监管函的作用机制对上市公司及会计师事务所违规行为具有重要影响。通过对问询函和监管函的内容、种类、特征等进行深入分析，可以为监管部门提供重要的政策建议和实践指导，帮助监管部门改善监管效果、提高市场透明度和实现健康发展。同时，对于上市公司和会计师事务所，研究成果也能够提供管理和风险防范的实践指导，帮助它们更好地遵守法规、规范经营行为，降低违规风险。

第3章 上市公司违规行为画像

随着社会经济环境的不断发展,上市公司面临的市场环境越来越复杂、资本市场监管越来越严格。上市公司的违规行为持续高发,成为上市公司高质量发展的重大阻碍。对上市公司违规行为的违规主体画像、违规类型画像、违规内容画像,考虑时间因素,从不同阶段、不同角度探究上市公司违规行为的发生现状、产生动机,从而构建以数据为驱动的上市公司违规行为治理框架,可以提高监管和治理效率。

本章主要解决下列问题:

第一,基于违规类型画像的违规内容分析。该部分考虑时间因素,从违规类型的画像出发,特别是对无法划分违规类型的"其他"分类中,考虑究竟还有哪些潜在的违规行为,对"其他"类型中的违规行为文本内容进行分析。进一步地,探究已有违规类型之间的内在关系,剖析违规行为背后的逻辑。

第二,基于违规主体的上市公司内部特征画像。该部分从发生违规行为的上市公司视角出发,从公司财务、公司治理、公司内部控制三个方面,提取上市公司特征,并选取高频违规公司进行具体画像分析。

3.1 上市公司违规行为的内涵及分类

在资本市场监管法规体系下,上市公司违反相关的法律法规、监管规则等,都被认定为上市公司违规行为,包括上市公司层面及其股东、董事、监事、高级管理人员违反法律法规所产生的行为后果。例如,在第四次修订的2018年10月26日施行的《公司法》以及2020年3月1日施行的《证券法》(2019年修订)的"法律责任"一章中,对公司及证券交易中违反相关规定所面临的处罚做了明确的规定。

根据国泰安数据库(CSMAR)《中国上市公司违规处理研究数据库使用说明书(20231127)》,上市公司常见的违规行为包括:操纵股价、出资违规、占用公司资产、内幕交易、欺诈上市、虚构利润、虚列资产、虚假记载(误导性陈述)、推迟披露、重大遗漏、披露不实(其他)、一般会计处理不当、违规买卖股票、违规担保、擅自改变资金用途、偷税、骗取出口退税；虚开增值税专用发票或者虚开用于骗取出口退税、抵扣税款的其他发票；虚开普通发票；未缴或少缴税款（欠税）等。国泰安数据库中的这些违规行为类型被概括为 5 类，分别是股东违规自利、财务违规、违规使用资金、税务违规与其他。具体分类情况如表 3-1 所示。

表 3-1　违规行为分类

一级标签	二级标签	违规类型 ID
股东违规自利	操纵股价	P2513
	出资违规	P2508
	占用公司资产	P2510
	内幕交易	P2511
财务违规	欺诈上市	P2507
	虚构利润	P2501
	虚列资产	P2502
	虚假记载（误导性陈述）	P2503
	推迟披露	P2504
	重大遗漏	P2505
	披露不实（其他）	P2506
	一般会计处理不当	P2515
违规使用资金	违规买卖股票	P2512
	违规担保	P2514
	擅自改变资金用途	P2509
税务违规	偷税	P2516
	骗取出口退税	P2518
	虚开增值税专用发票或者虚开用于骗取出口退税、抵扣税款的其他发票	P2520
	虚开普通发票	P2521
	未缴或少缴税款（欠税）	P2524
	逃避追缴欠税；抗税；私自印制、伪造、变造发票，非法制造发票防伪专用品，伪造发票监制章；具有偷税、逃避追缴欠税、骗取出口退税、抗税、虚开发票等行为，经税务机关检查确认走逃（失联）	P2517= 逃避追缴欠税；P2519= 抗税；P2522= 私自印制、伪造、变造发票，非法制造发票防伪专用品，伪造发票监制章；P2523= 具有偷税、逃避追缴欠税、骗取出口退税、抗税、虚开发票等行为，经税务机关检查确认走逃（失联）
其他	不能分类到上述类型的违规行为	P2599= 其他

3.1.1 股东违规自利

股东违规自利是指股东利用其自身控制地位,实施不当违规行为。操纵股价是指上市公司股东利用自身控制权操纵本公司股票市场价格从而侵害其他投资者利益的行为。根据《中华人民共和国公司法》(2023年12月29日修订):出资违规包括股东虚假出资与抽逃出资。虚假出资是指股东、发起人在出资过程中未交付货币、实物或者未转移财产权,表面上出资实际未出资的行为。抽逃出资是指股东、发起人恶意藏匿、撤回实际缴付用于出资的货币、非货币财产的行为。占用公司资产是指利用自身职位便利非法将公司资产占为己有的行为。内幕交易是指内幕知情人将涉及公司经营、财务以及对证券市场价格有重大影响的尚未公开的内幕消息泄露或者交易的行为。

3.1.2 财务违规

财务违规是指公司因违反法律法规而受到监管部门的处罚,主要包括欺诈上市、虚构利润、虚列资产、虚假记载、推迟披露、重大遗漏等财务违规行为(戴亦一等,2017[76];陈峻等,2022[45];郑登津等,2020[77];王兵等,2019[78])。根据《信息披露违法行为行政责任认定规则》(中国证券监督管理委员会公告〔2011〕11号),虚列资产与虚构利润是指对与资产、利润相关的会计科目进行不真实记载的行为。虚假记载(误导性陈述)是指信息披露义务人进行不完整、不准确陈述导致投资者对其投资行为发生错误判断的行为。推迟披露是指披露义务人未能依照法律规定的披露时间及时披露信息。重大遗漏是指披露义务人未能依据关于重大事件或者重要事项信息披露要求的法律法规、规章制度及规则,遗漏重大事项等信息披露的行为。披露不实(其他)是指上市公司披露不真实的信息的其他行为。一般会计处理不当主要包括上市公司财务核算不规范、财务会计制度不规范、内部控制不规范、关联资金不规范等行为。欺诈上市是指在证券发行阶段信息披露义务人未能依法履行信息披露的义务,向市场投资者提供虚假发行消息的行为。①

3.1.3 违规使用资金

违规使用资金包括违规买卖股票、违规担保以及擅自改变资金用途三类。其中违规买卖股票是指上市公司私下交易股票并未向证券交易所或者面向公众通报的行为。违规担保

---

① 中国证监会,中国证券监督管理委员会公告《信息披露违法行为行政责任认定规则》〔2011〕11号 [EB/OL]. (2011-04-29) [2023-10-01]. https://www.gov.cn/gongbao/content/2011/content_2004750.htm.

是指上市公司及其控股子公司违反法律法规规定或公司章程规定，或超过规定限额对外提供担保的行为。擅自改变资金用途是指上市公司将募集资金挪为他用的行为。

3.1.4 税务违规

根据国泰安数据库，我们总结归纳了税务违规行为，包括偷税，骗取出口退税，虚开增值税专用发票或者虚开用于骗取出口退税、抵扣税款的其他发票，虚开普通发票，未缴或少缴税款（欠税）等。

3.1.5 其他

对于不能划分为上述类别的违规行为类型，国泰安数据库将其类型划分为"其他"违规行为。

3.2 上市公司违规行为数据处理

上市公司违规行为画像的基础数据来源于国泰安数据库中国上市公司违规处理研究数据库中的违规信息总表，为了对上市公司的违规信息相关特征进行画像，首先对违规信息总表中的数据进行相应处理。

3.2.1 多属性数据拆分

通过对国泰安数据库违规信息总表的数据进行分析，我们发现，违规年度和违规类型两个字段中包含多个年度和多个违规类型的情况。为了得到"一个违规年度对应当年发生的违规类型"这样较为清晰的数据集，我们首先对违规年度和违规类型两个字段进行手工拆分且实现相互对应。我们将原有数据分为四种情况：第一，"一个违规年度对应当年一个违规类型"，简称一对一；第二，"多个违规年度对应多个违规类型"，简称多对多；第三，"一个违规年度对应当年多个违规类型"，简称一对多；第四，"多个违规年度对应一个违规类型"，简称多对一。上述四种情况中，第一种情况无须拆分；第三种和第四种情况中，将多个违规类型或多个违规年度拆成多行数据即可实现违规年度与违规类型的一一对应。

3.2.2 "其他"违规类型下违规行为文本分析

在违规类型中，对"其他"违规类型所对应的"违规行为"文本数据进行分析，探究除划分清晰明确的违规类型，还有什么样的违规行为。

通过分析归纳，主要包括以下几种情形。

第一,不属于上市公司为主体发生的违规行为,如会计师事务所违规或者公司管理者的违规行为。

第二,管理层未能恪尽职守履行诚信勤勉义务。例如,2022年8月3日ST国华(现简称国华网安)的违规公告中称:

经查明,深圳国华网安科技股份有限公司(以下简称"ST国华")及相关当事人存在以下违规行为:2022年1月26日,ST国华披露《2021年度业绩预告》,预计2021年归属上市公司股东的净利润(以下简称"净利润")为10 000万元至14 800万元。4月30日,ST国华披露《2021年年度报告》,2021年经审计净利润为-50 910.73万元。ST国华2021年度业绩预告中披露的净利润与年度报告中经审计的净利润差异金额大,且盈亏性质发生变化。ST国华董事长兼总经理黄翔、财务总监陈金海未能恪尽职守、履行诚信勤勉义务,对ST国华上述违规行为负有重要责任。

第三,公司治理方面的缺陷,如公司治理中"三会"机制不健全、未履行相应的审议程序、公司制度执行不到位等。例如,2013年4月12日国农科技的违规公告中,"其他"类型对应如下违规行为描述:

二、公司治理方面存在的主要问题

(一)"三会"运作不规范

1."三会"会议资料不完整

《监管意见》指出:检查发现,你公司存在董事会会议通知发出时间不符合《公司章程》的规定;检查期内,你公司股东大会、监事会议均无会议记录,董事会会议记录不完整;部分董事会决议未载明应到董事与实到董事人数,也未载明该议案获得的同意、反对和弃权的票数,且未经全体参会董事签字,违反了《公司章程》中关于股东大会、董事会、监事会会议记录的规定。此外,在检查中还关注到,你公司董事会专门委员会会议均无会议记录,且相关决议及资料未专门保管,不符合董事会专门委员会实施细则中关于"会议应当记录,出席会议的委员应当在会议记录上签名"的规定。

2.审计委员会成员独立性不足

公司审计委员会成员过去存在同时兼任原控股子公司深圳北大高科五洲医院有限公司财务总监职务的情况,随着出售五洲医药有限公司股权工作的完成,兼任工作已经结束,后期将不会出现类似情况。

(二)重大对外投资的资金支付未履行必要的决策程序

2012年年初,山东华泰制药与山东蓬莱市① 刘家沟镇人民政府签署购地协议并累计支

---

① 2020年,撤销蓬莱市、长岛县,设立烟台蓬莱区。

付527.46万元，相关人员事先向董事进行了口头通报但未履行董事会决策程序，未能及时上报上市公司董事会。

第四，内部控制缺陷，如公司内部控制存在缺陷、公司内部审计职能未充分发挥、公司缺少内部控制审计等。例如，2013年4月12日国农科技的违规公告指出该公司存在下列关于内部控制方面的问题：

（一）公司对联营公司未实施必要管控

对于联营公司茂名力拓公司日常经营、重大投资决策未实施必要管控，没有依据公司《投资管理制度》第九至十三条的相关规定履行相关决策程序。

（二）对控股子公司疏于管理

检查指出，公司没有对控股子公司参与日常经营和对经营情况及财务状况实施内部审计。近几年，公司存在疏于对武汉北大高科公司的管理，使武汉北大高科公司脱离上市公司管控。

（三）重要内部控制制度缺失

检查指出，公司主营业务制药和房地产未建立医药板块的研究开发、工程建设、全面预算和房地产成本与会计核算制度。

（四）内部审计工作薄弱

公司前期未能配备专职的审计人力资源，所以未对公司及其下属子公司开展内部审计。

（五）未对公司总经理离任实施审计

公司未对前任总经理罗某实施离任审计。

最后，在"其他"类型中，还包括一些上市公司违反相关环境保护法、安全生产法、海关法、药品管理法等相关法律的行为。

在后续画像部分，以上对"其他"类型违规行为的分析，将以违规主体的违规动因进行画像，更加深入和全面地探究上市公司违规行为。另外，在"其他"违规行为的描述中，无法归纳出归属于某一个方面，所以只能归类于"其他"类型。

3.3 违规内容画像分析

根据上述对违规行为的分类，将违规类型概括为五类，分别是股东违规自利、财务违规、违规使用资金、税务违规与其他。以违规公告日期2023年12月31日为截止日，共有18 062条违规公告，每一个违规公告中包含多个违规年份和多个违规类型，对其进行数据处理后，将"违规年份"与"违规类型"拆分使其一一对应，最终得到违规记录共 47 856 条，共 3 298 家上市公司。本小节通过可视化平台 PowerBI 进行画像。

3.3.1 违规类型整体画像

将股东违规自利、财务违规、违规使用资金、税务违规与其他共五种类型定义为一级违规标签，对 47 856 条违规记录进行画像。通过画像发现：在五种违规类型中，其他违规类型占比最高，财务违规次之，税务违规最少（如图 3-1 所示）。

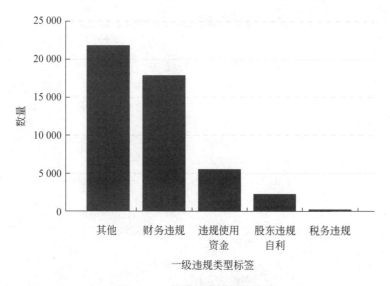

图 3-1　一级违规类别频数统计

对违规类型一级标签进行进一步细分，即根据每一种违规类型下的具体分类，将其设置为二级违规标签。通过画像发现：除其他违规类型外，财务违规中的推迟披露、虚假记载（误导性陈述）、重大遗漏、一般会计处理不当和虚构利润等占比较高；违规使用资金下的违规买卖股票、股东违规自利下的占用公司资产也是发生较为频繁的二级违规类型（如图 3-2 所示）。

由此可见，提高公司治理和内部控制水平，有效控制财务违规行为，是上市公司监管的重点。通过违规行为占比图分析发现（见图 3-3 和图 3-4），从一级标签来看，其他类型占比 45.6%、财务违规占比 37.4%、违规使用资金占比 11.6%、股东违规自利占比 4.8%，而占比最小的税务违规仅占 0.6%。在二级违规类别细分下，财务违规行为主要是推迟披露占比 17.5%、虚假记载（误导性陈述）占比 14.57%、重大遗漏占比 13.66%。此外，违

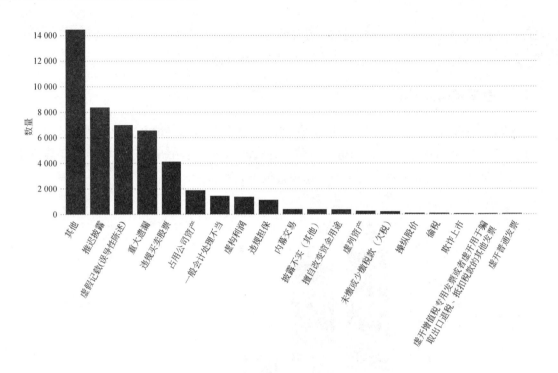

图 3-2　二级违规标签频数统计

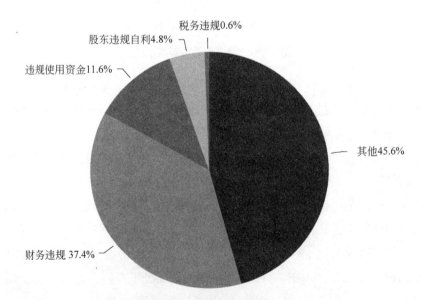

图 3-3　一级违规标签分布

第3章 上市公司违规行为画像

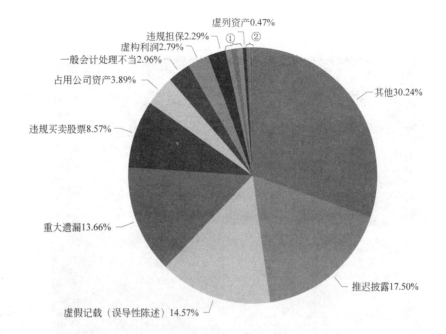

① 从左至右为：
内幕交易 0.78%
披露不实（其他） 0.76%
擅自改变资金用途 0.72%
② 从左至右为：
未缴或少缴税款（欠税） 0.39%
操纵股价 0.15%
偷税 0.14%
欺诈上市 0.07%
虚开增值税专用发票或者虚开用于骗取退税、抵扣税款的其他发票 0.05%

图 3-4　二级违规标签分布

规使用资金下的违规买卖股票占比 8.57%。从图 3-5 和图 3-6 可以更清晰地看出每一个违规大类即一级违规标签下各二级违规标签的占比。

图 3-5　一级违规类型分布树

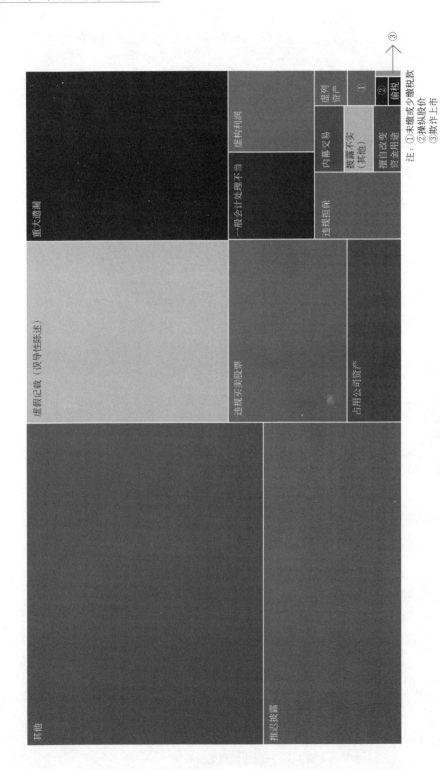

图 3-6 二级违规类型分布树

3.3.2 考虑时间因素的违规类型画像

按照每一条违规记录对应的违规年份,对违规记录的发生年份趋势进行整体分析。图 3-7 为一级违规标签下每年的违规记录数量分布图。通过画像发现:2010 年前,各类违规行为基本处于平缓发展期;2010—2015 年,随着上市公司基数增加,违规被揭示的公司均呈现一定幅度的上涨;2015 年后,随着监管政策更加严格,被处罚的违规公司、违规行为出现了较大幅度的上涨,尤其是财务违规行为和其他违规行为 2015—2018 年出现了迅猛增长,之后又快速下降。虽然财务违规行为在一定程度上被有效抑制,但仍处于一个较高的发生频率。

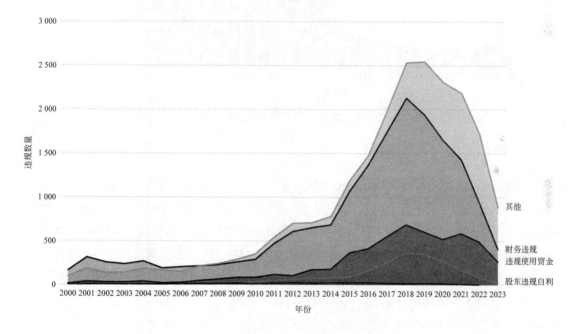

图 3-7 一级违规行为年度分布频数

图 3-8 按照年份展示了更为细分的二级违规行为数量。可以看出,2015—2018 年,推迟披露的违规行为不论从数量上还是从增长趋势上,都体现出较快的增长特征,从 2019 年开始则呈现不断下降的趋势。

请扫码查看彩图

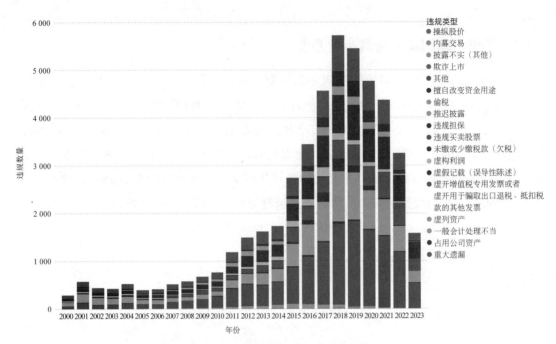

图 3-8 二级违规标签年度分布频数

3.3.3 违规类型存在关系画像

信息披露的迟滞、不全面以及财务操纵等不当行为，对投资者权益构成显著侵害，并严重损害市场公平性与透明度。深入研究不同违规类型间的内在关联，特别是高度相关的违规行为，对于优化公司治理结构、提升信息披露质量及强化监管机制具有极其重要的学术价值和实践意义。本小节旨在通过细致分析二级标签中涵盖的 21 类违规类型间的皮尔逊相关系数，深入剖析其相互作用的机理及成因，为监管当局及公司治理实践提供坚实的科学依据。

本小节首先系统地统计了各公司不同违规类型的频次，构建了一个"公司–违规"类型矩阵。然后计算了各违规类型间的皮尔逊相关系数，并形成了相关系数矩阵。为了直观展示不同违规类型之间的相关性，我们采用热力图作为可视化工具，通过颜色的深浅变化直观地了解相关性的强弱。

在图 3-9 中，颜色从浅灰色（代表完全负相关，即相关系数为 –1）渐变至深灰色（代表完全正相关，即相关系数为 1），而相关系数为 0 则意味着无相关性。通过这一直观展示，能够迅速识别出哪些违规类型之间存在较强的相关性。

针对皮尔逊相关系数矩阵中相关系数大于 0.5 的违规类型对，我们进行了详尽的分析，旨在探讨这些违规类型产生的潜在原因。例如，推迟披露（P2504）与重大遗漏（P2505）之间的相关系数高达 0.62，表明二者之间存在较强的正相关关系。这可能是由于公司信息披露机制的不完善所致，即公司缺乏及时、全面的信息披露制度，导致关键信息披露的延迟和遗漏。此外，管理层可能出于掩盖不利信息的动机，故意推迟披露和遗漏关键信息，以减缓市场对负面消息的反应，防止股价的大幅波动。在公司财务状况恶化或面临重大诉讼时，这种现象尤为明显。同时，公司内部控制的薄弱，缺乏独立董事的有效监督，使管理层能够自由控制信息披露的时间和内容，进一步加剧了推迟披露和重大遗漏等违规行为的发生。

ViolationTypeID	P2501	P2502	P2503	P2504	P2505	P2506	P2507	P2508	P2509	P2510	P2511	P2512	P2513	P2514	P2515	P2516	P2518	P2520	P2521	P2524	P2599
P2501	1.00	0.47	0.54	0.22	0.25	0.01	0.29	0.00	0.06	0.11	0.03	0.06	0.02	0.15	0.15	0.01	0.00	0.03	0.00	0.00	0.35
P2502	0.47	1.00	0.27	0.07	0.10	0.00	0.12	0.00	0.03	0.04	0.00	0.04	0.01	0.06	0.03	-0.01	-0.01	-0.01	0.01	0.00	0.15
P2503	0.54	0.27	1.00	0.48	0.51	0.10	0.15	-0.01	0.15	0.27	0.04	0.14	0.09	0.26	0.32	0.02	-0.01	0.03	-0.01	0.04	0.64
P2504	0.22	0.07	0.48	1.00	0.62	0.16	0.05	0.00	0.18	0.47	0.06	0.21	0.11	0.50	0.21	0.05	-0.01	0.01	0.00	0.07	0.69
P2505	0.25	0.10	0.51	0.62	1.00	0.12	0.07	0.00	0.15	0.51	0.07	0.23	0.10	0.47	0.23	0.02	-0.01	-0.01	0.04	0.04	0.66
P2506	0.01	0.00	0.10	0.16	0.12	1.00	-0.01	0.02	0.06	0.09	0.00	0.02	0.11	0.07	0.00	0.02	0.00	0.00	0.00	0.05	0.12
P2507	0.29	0.12	0.15	0.05	0.07	-0.01	1.00	0.00	0.01	0.03	0.00	0.00	0.06	0.03	0.04	0.00	0.00	0.00	0.00	0.01	0.12
P2508	0.00	0.00	-0.01	0.00	0.00	0.02	0.00	1.00	0.00	0.00	-0.01	0.00	0.07	0.00	-0.01	0.00	0.00	0.00	0.00	0.00	0.00
P2509	0.06	0.03	0.15	0.18	0.15	0.06	0.01	0.00	1.00	0.10	0.03	0.04	0.03	0.12	0.04	0.07	0.00	-0.01	0.00	0.01	0.20
P2510	0.11	0.04	0.27	0.47	0.51	0.09	0.03	0.00	0.10	1.00	0.02	0.11	0.03	0.38	0.13	0.03	0.00	0.01	0.01	0.06	0.46
P2511	0.03	0.00	0.04	0.06	0.07	0.00	0.00	-0.01	0.03	0.02	1.00	0.09	0.04	0.07	0.03	0.00	0.00	-0.01	-0.01	-0.02	0.06
P2512	0.06	0.04	0.14	0.21	0.23	0.02	0.00	-0.01	0.04	0.11	0.09	1.00	0.09	0.08	0.11	0.04	0.00	0.00	0.00	0.03	0.24
P2513	0.02	0.01	0.09	0.11	0.10	0.02	0.06	0.07	0.03	0.03	0.04	0.09	1.00	0.08	0.03	-0.01	0.00	0.01	0.00	-0.01	0.15
P2514	0.15	0.06	0.26	0.50	0.47	0.11	0.03	0.00	0.12	0.38	0.07	0.10	0.08	1.00	0.08	0.00	-0.01	0.00	0.00	0.03	0.39
P2515	0.15	0.03	0.32	0.21	0.23	0.00	-0.01	0.04	0.13	0.06	0.11	0.03	0.08	1.00	0.03	0.00	0.03	0.00	0.25	0.37	
P2516	0.01	-0.01	0.02	0.05	0.02	0.00	0.07	0.03	0.00	0.04	-0.01	0.00	0.00	0.03	1.00	0.00	0.00	0.00	0.01	-0.01	
P2518	0.00	0.00	-0.01	-0.01	-0.01	0.00	0.00	0.00	0.00	0.00	0.00	0.00	0.00	0.00	0.00	1.00	0.00	0.00	0.00	-0.01	
P2520	0.03	-0.01	0.03	0.01	0.01	0.00	0.00	0.00	-0.01	0.01	0.00	0.00	0.00	0.03	0.04	0.00	1.00	0.00	0.00	0.00	
P2521	0.00	0.01	-0.01	0.00	0.01	0.00	0.00	0.00	0.00	0.00	0.00	0.00	0.03	0.05	0.00	0.00	0.00	1.00	0.00	0.01	
P2524	0.00	0.00	0.04	0.07	0.04	0.05	0.01	0.06	-0.02	0.03	-0.01	0.02	0.02	0.07	0.00	0.02	0.00	1.00	0.06		
P2599	0.35	0.15	0.64	0.69	0.66	0.12	0.12	0.00	0.20	0.46	0.06	0.24	0.11	0.39	0.37	-0.01	0.00	0.01	0.06	1.00	

注：图中 ViolationTypeID 对应表 3-1。

图 3-9　不同违规类型之间的皮尔逊相关系数热力图

类似地，重大遗漏（P2505）与虚假记载（误导性陈述）（P2503）之间的相关系数也达到了 0.51，表明这两种违规类型往往同时出现。这可能是由于公司管理层为了吸引投资者、提升公司形象，故意遗漏负面信息，并通过虚假记载美化财务报表。在面临内部和外部压力时，管理层可能通过这两种方式掩盖公司的实际状况，以满足股东和市场的期望。此外，公司治理的透明度不足和缺乏有效的监督机制，使管理层能够随意操纵财务数据和披露信息，缺乏对信息披露的有效监控和约束，进一步加剧了这一现象的发生。

皮尔逊相关系数虽能有效捕捉两种违规类型间的线性关联，但在揭示多种不同违规类型间的复杂关系和共现模式时显得力不从心。① 也就是说，某些违规类型可能同时或频繁地发生，形成一定的关联关系或组合模式，而不仅是它们之间的线性关系。为此，本研究采用关联规则挖掘技术，特别是 Apriori 算法，以深入识别频繁发生的多种违规类型组合。通过设定最小支持度阈值为 0.03，本研究筛选出具有显著统计意义的频繁项集。进一步地，

---

① 共现模式是指不同违规类型在同一时间或同一情况下共同出现的趋势或规律。

本研究构建了关联规则，并计算了每条规则的支持度、置信度和提升度，以量化评估规则的强度和相关性。

在诸多评估指标中，提升度尤为关键，它衡量了在前件发生的情况下，后件发生的概率相较于后件独立发生概率的增量。当提升度值大于 1 时，表明前件与后件之间存在正向关联，即前件的发生增加了后件发生的概率。此外，提升度的数值大小直接反映了关联强度的强弱。

针对提升度排名前 10 的关联规则，本研究采用热力图进行了直观的可视化展示，如图 3-10 所示。

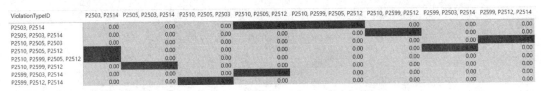

注：图中 ViolationTypeID 对应表 3-1。

图 3-10　上市公司违规类型提升度关联矩阵热力图

通过分析这些规则，得到了一系列重要的发现：当公司存在"P2510（占用公司资产）""P2599（其他）""P2505（重大遗漏）""P2512（违规买卖股票）"等违规行为时，其同时出现"P2503（虚假记载）""P2514（违规担保）"等违规行为的概率显著增加；同时，若公司存在"P2599（其他）""P2503（虚假记载）""P2514（违规担保）"等违规行为，则"P2510（占用公司资产）""P2505（重大遗漏）""P2512（违规买卖股票）"等违规行为也极可能伴随发生；此外，若公司涉及"P2503（虚假记载）""P2514（违规担保）"等违规行为则"P2510（占用公司资产）""P2599（其他）""P2505（重大遗漏）""P2512（违规买卖股票）"等违规类型亦有可能同时出现。

基于上述发现，本研究建议审计人员和监管机构重点关注这些高风险的违规组合，通过提升审计技术和监管手段，实现对财务欺诈行为更为精准与有效的识别和打击。

3.3.4　"ST"公司的违规类型画像

在违规记录中，未删除亏损公司，包括 ST（特别处理，公司经营连续两年亏损）、*ST（退市预警，公司经营连续三年亏损）、PT（以前使用，现称 *ST）、SST（特别处理，未完成股改的公司经营连续两年亏损）、S*ST（退市预警，未完成股改的公司经营连续三年亏损），对以上公司进行提取，划分为两个样本组，得到 10 527 条违规记录，发生违规的"戴帽"公司共 588 家。

图 3-11 中 1 代表公司被"戴帽"，0 则代表公司未被"戴帽"，从图中看出未被"戴帽"

的违规上市公司违规类型主要是"其他""推迟披露""虚假记载（误导性陈述）""重大遗漏""违规买卖股票"，被"戴帽"的违规上市公司违规类型主要平均分布在"其他""推迟披露""虚假记载（误导性陈述）""重大遗漏"几个方面。

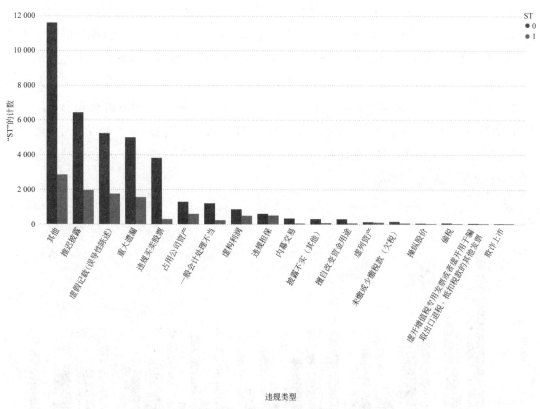

图 3-11 "戴帽"违规上市公司违规类型分布

3.4 违规主体画像分析

本小节将对违规主体上市公司进行深入挖掘。我们将上市公司分成两类，第一类为在研究期间内某年度某上市公司发生违规行为的样本，即在某年度有违规记录（对应数据表中一条记录）的上市公司，简称"违规上市公司"；另一类则为研究期间内某年度某上市公司未发生违规的样本，简称"非违规上市公司"。接下来对这两类公司的特征进行对比分析及全方位画像。

下面的画像数据是将经处理后的违规信息总表与上市公司特征的相关数据表进行合并，包括上市公司的所属行业、财务数据、公司治理数据等，研究期间为 1994—2023 年。

3.4.1 违规频率画像

经过拆分处理后的数据，一家公司的一份违规公告被拆分出多条违规记录，每条违规记录对应一种违规类型和一个违规年份。因此，本部分画像中，对违规记录的出现频数进行统计。如果某家公司的违规记录出现频数较多，则说明该公司在研究期间的多个年份出现违规行为，并且涉及的违规类型较多。通过画像分析，在研究期间内根据违规记录筛选出排名前 20 家上市公司，包括违规行为较多的广东柏堡龙股份有限公司、杭州天目山药业股份有限公司、郑州华晶金刚石股份有限公司、广东明珠集团股份有限公司等。如图 3-12 所示，其中每家公司对应两个不同颜色的柱状条，浅灰色条（Y）表示上市公司主体发生违规，深灰色条（N）表示与该上市公司相关联的高管、关联方或会计师事务所发生违规；纵轴是违规的次数。

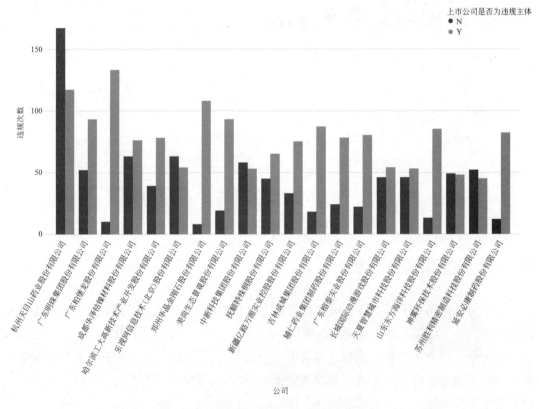

图 3-12　违规记录前 20 家公司违规情况分布

图 3-14 是对图 3-13 中一级违规行为的细分，分析违规数排名前 20 家上市公司出现的违规

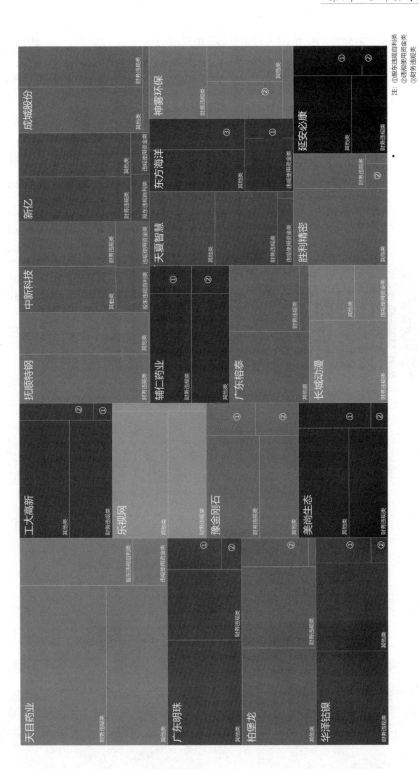

图 3-13 违规记录排名前 20 家公司的一级违规标签分布

问题。违规记录出现频率最高的是杭州天目山药业股份有限公司,违规公告日从 2009 年 2 月 1 日到 2023 年 8 月 30 日出现了 284 条违规记录(数据经过拆分之后),主要出现的违规类型是推迟披露、重大遗漏、虚假记载(误导性陈述)和虚构利润。2020 年至今,天目药业已经被证监会 ST、*ST,面临退市风险。

请扫码查看彩图

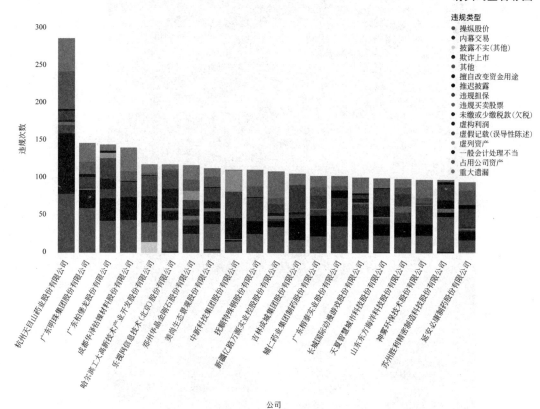

图 3-14　违规记录排名前 20 家公司的二级违规标签分布图

3.4.2　所属行业画像

根据《国民经济行业分类(GB/T 4754-2017)》,对上市公司的行业大类进行划分,不同行业下公司的商业运作模式和商业环境有所不同,可能会影响上市公司的违规动机。对违规公司进行画像,如图 3-15 所示。

从图 3-15 可见,发生违规的样本多属于计算机、通信及其他电子设备制造业、化学原料及化学制品制造业、医药制造业、软件和信息技术服务业等行业的上市公司,总体来

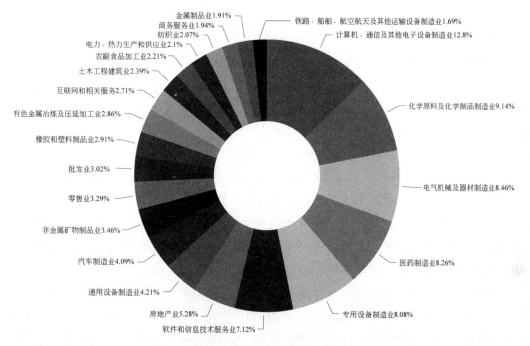

图 3-15 违规上市公司行业分布

看,发生违规的多发生在制造行业。图 3-16 显示了违规上市公司的行业分布情况,其中字体大小代表了违规上市公司属于什么行业的频率。从词云图中可以看出,以下行业较为突出:计算机、通信及其他电子设备制造业,化学原料及化学制品制造业,电气机械及器材制造业。这些行业在词云图中的字体较大,表明它们在违规上市公司中出现的次数较多,与行业分布图中的数据相吻合。

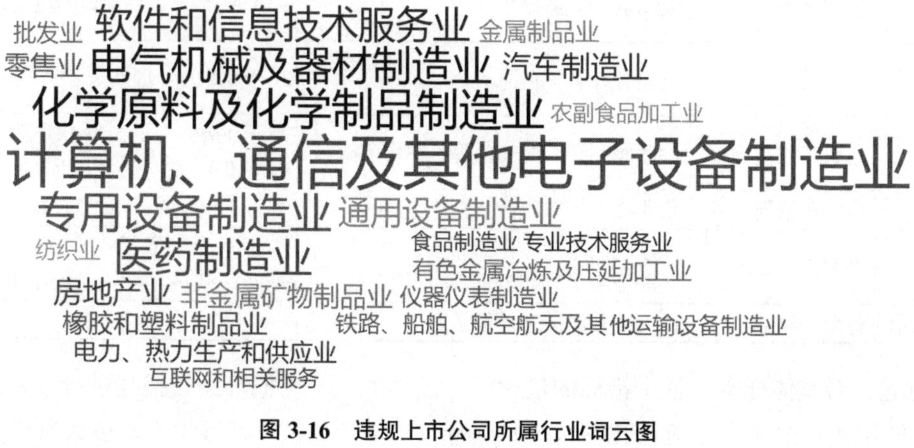

图 3-16 违规上市公司所属行业词云图

3.4.3 财务特征画像

根据舞弊三角形理论，压力是上市公司违规的直接动因。财务状况紧张是公司面临的最主要、最直接的压力，财务违规也在违规记录中占有较大比重。当公司的财务状况不理想时，管理层由于参与公司利润分配，可能会出于内部压力，为了实现自身的利益而产生强烈的违规动机，采取对其财务数据进行美化、篡改等违规行为。

在样本选择和研究区间上，由于2006年实施的《证券法》较之前修订力度较大，对上市公司监管产生重大影响，且考虑到2007年颁布新的会计准则，所以选取2007—2023年的全部上市公司作为研究样本。在剔除金融行业上市公司后，共有5 571家上市公司，其中3 133家公司出现过违规行为。在样本数据中，共有66 347个观测值，其中违规记录12 003条。本小节将对某年度某公司出现违规记录的样本（即违规公司）和某年度某公司未出现违规记录的样本（即非违规公司）进行对比描述。

在财务指标的选取上，从公司财务管理的四个方面，即偿债能力、盈利能力、营运能力、成长能力入手，分别选取流动比率、资产负债率衡量公司的短期和长期偿债能力；用净资产收益率衡量盈利能力；应收账款体现了公司的回款能力，对公司健康的现金流起到重要作用，用应收账款周转率衡量公司的运营能力；用净利润增长率衡量公司的成长能力；每股净收益是指税后净利润所剩余额中属于每股普通股的净收益，用来衡量公司的每股收益。本小节的财务数据来源于国泰安数据库。表3-2为财务指标计算表及画像标签定义。

表3-2 财务指标计算表及画像标签定义

财务指标分类	指标名称	指标含义	画像标签定义
短期偿债能力	流动比率	流动资产/流动负债	大于或等于2为合理的流动比率
长期偿债能力	资产负债率	负债合计/资产总计	小于0.5为合理的资产负债率
盈利能力	净资产收益率	税后净利润/股东权益的平均余额	小于0指标为负；0~0.15为偏低；0.15~0.4为中等；大于0.4为偏高
营运能力	应收账款周转率	营业收入/应收账款期末余额	小于7.8为低；反之为高
成长能力	净利润增长率	（净利润本年本期金额－净利润上年同期金额）/净利润上年同期金额	小于0为负增长；0~0.1为增长水平低；0.1~1为中；大于1为高
市场价值	每股净收益	税后净利润/普通股股数	—

首先，对整体样本下各个指标的最大值、最小值、平均值等进行描述性统计，结果如表3-3所示。一般来说，流动比率大于或等于2、资产负债率小于0.5是被大家接受的经

验数据。从研究样本的平均值来看，流动比率为2.494，稍大于2，资产负债率为0.432，接近0.5，可见整体来看样本数据的偿债能力在正常范围内。净资产收益率代表公司的盈利能力，不同行业不同公司利润率不同，净资产收益率也不同。从研究样本整体来看，净资产收益率的平均值为0.085，属于较低水平。应收账款周转率体现公司的现金回款能力。从统计数据来看，标准差较大，表明样本内公司的应收账款周转率差异很大。由于公司的市场环境、经营模式和经营周期不同，公司之间的应收账款周转率差异较大。例如，零售业和服务业的周转率较高，制造业的周转率相对低一些。净利润增长率的持续性往往能够体现一家公司的成长能力，从整体样本的平均值为负数、中位数为0.093来看，大部分公司的净利润增长率较低。每股净资产体现了上市公司在外流通的每股股票所拥有的净资产价值，是上市公司股票价值的基本体现，由公司的盈利能力所决定。

表3-3 整体样本财务指标描述性统计

指标名称	观测值	平均值	标准差	最小值	中位数	最大值
流动比率	66 339	2.494	2.567	0.261	1.674	16.465
资产负债率	66 344	0.432	0.211	0.054	0.422	0.987
净资产收益率	62 029	0.085	0.170	−0.798	0.087	0.545
应收账款周转率	65 916	30.665	106.602	0.789	5.879	869.835
净利润增长率	56 141	−0.202	3.162	−21.056	0.093	9.792
每股净资产	53 159	5.442	4.233	−0.058	4.356	24.399

将违规上市公司与非违规上市公司的各个指标进行均值检验，如表3-4所示，可以看到在两组样本之间，均值差异较大，且非违规上市公司的各个指标的均值显著高于违规样本。接下来我们将对两组样本的各个指标进行可视化，更为直观地展示二者的差异及其在研究区间的变化趋势。

表3-4 违规上市公司与非违规上市公司均值检验

指标名称	违规上市公司观测值	非违规上市公司观测值	两组样本均值差异	T值
流动比率	12 002	54 337	0.408	16.920[***]
资产负债率	12 003	54 341	−0.054	−23.841[***]
净资产收益率	11 728	50 301	0.095	44.430[***]
应收账款周转率	11 927	53 989	4.845	4.675[***]
净利润增长率	9 461	46 680	0.930	18.442[***]
每股净资产	11 863	41 296	1.427	36.616[***]

注：*** 表示在1%水平下显著。

针对发生违规的样本（违规上市公司）和没有发生过违规的样本（非违规上市公司），从研究期间各年份各财务指标的平均值和中位数两个方面进行考察,避免异常值对结果的影响。

(1) 偿债能力

为了更好地反映公司偿债能力,我们选择了短期偿债能力中的流动比率和长期偿债能力中的资产负债率。流动比率用来衡量公司流动资产在短期债务到期前可以变为现金用于偿还负债的能力,比率越高,偿债能力越强。流动比率的参考范围通常为1.5~2。图3-17为违规上市公司和非违规上市公司在研究期间内短期偿债能力的平均值(上)和中位数(下)的变化趋势图。从两个对比图来看,非违规上市公司的短期偿债能力的平均值在1.5

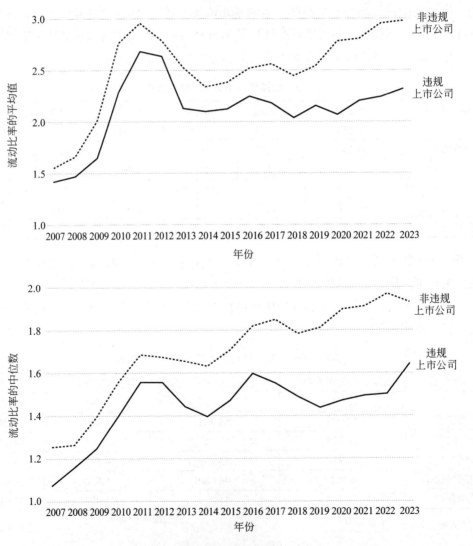

图3-17 流动比率变化趋势对比

和 3 之间,中位数在 1 和 2 之间,平均值处在正常的参考范围内但偏高,根据中位数的变化趋势图可以看出,前期有些公司虽然未违规但是流动比率低于正常范围,短期偿债的能力比较差,在研究期间呈现总体缓慢上升趋势;而发生违规的公司的偿债能力波动较大,其平均值处在 1.4 和 2.5 之间,而中位数在 1 和 2 之间,一直低于非违规公司,说明发生违规的公司短期偿债能力较低,流动资产变现能力处于不稳定状态,短期偿债风险较高。

上市公司的长期偿债能力通常用资产负债率来反映。资产负债率为负债总额与资产总额的比值,比值越大说明公司负债越多,偿债能力越差。图 3-18 为违规上市公司和非违规上市公司在研究期间内资产负债率的平均值(上)和中位数(下)的变化趋势图,违规样本的资产负债率平均值和中位数都在 0.4~0.6 的范围内,处于资产负债率的正常范围。从资产负债率的中位数的年份变化趋势图可以看出非违规样本在 2016 年以后长期偿债能力比较强,可能是由于内部管理改善等。从图中可见,违规样本的资产负债率高于非违规样本,从侧面

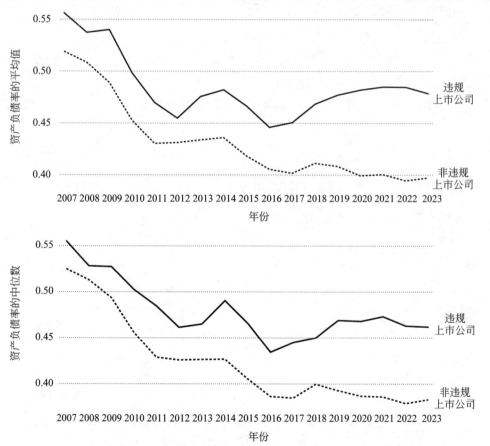

图 3-18 资产负债率变化趋势对比

反映了发生违规的上市公司从债权人处获得资金的能力较弱,无法体现举债经营的优势。

(2)盈利能力

盈利能力反映公司通过一系列经营活动获取利润的能力。我们采用净资产收益率指标表示股东收益与通过营业收入获取净利润的能力。

图3-19为违规上市公司和非违规上市公司在研究期间内净资产收益率的平均值(上)和中位数(下)的变化趋势图,其中横轴为每两年标注的时间点。如图所示,2007—2023年,样本数据的盈利能力呈明显的下降趋势。净资产收益率的参考值分别为0.15和0.4,低于0.15说明净资产收益率偏低,盈利能力差,如果高于0.4则说明盈利能力较强。违规样本的净资

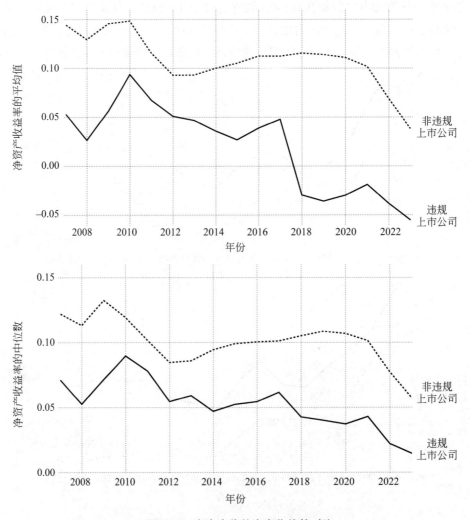

图3-19 净资产收益率变化趋势对比

产收益率在 0~0.1 的范围内，且一直位于非违规样本下方，说明违规样本净资产收益率偏低甚至是负数，远远低于非违规样本的盈利水平，较弱的盈利能力会加强上市公司的违规动机。

（3）营运能力

营运能力采用应收账款周转率进行分析。应收账款周转率体现了上市公司的应收账款回收能力，直接影响上市公司的现金流状况。图 3-20 为违规上市公司和非违规上市公司应收账款周转率的平均值（上）和中位数（下）变化趋势图。从图中可以看出，违规样本应收账款周转率的中位数连续下降，平均值波动较大，影响现金流表现的稳定性。总体来看，违规上市公司的应收账款周转率低于非违规上市公司，表明违规上市公司的应收账款回收

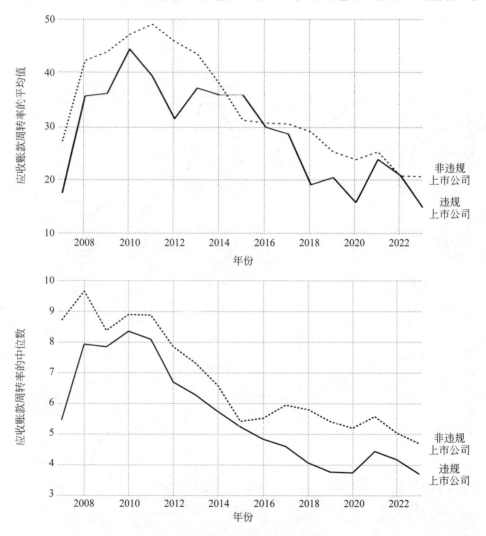

图 3-20 应收账款周转率变化趋势对比

能力较弱,有可能造成现金流断裂,财务危机风险增加,所以其违规动机可能更加强烈。

(4)发展能力

发展能力反映企业未来成长的能力和发展潜力。净利润增长率可以反映企业管理与运营的情况。图3-21分别是违规上市公司和非违规上市公司的净利润增长率平均值(上)和中位数(下)变化趋势图。从整体上看,前期除2008年、2012年等个别年份外,违规公司的净利润增长率的中位数基本在0~0.2的范围内,但在研究期间剧烈波动,尤其是2016年以后呈现下降趋势,甚至低于0,表明违规样本在近五年并没有形成向上增长的态势,而是业绩逐渐下滑,有衰退趋势。非违规公司的发展能力高于违规公司,表现出平稳趋势。

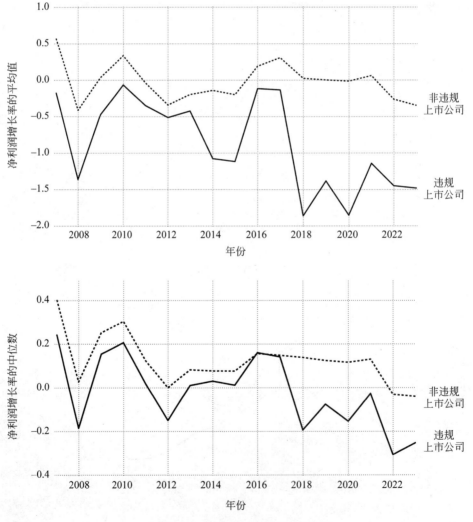

图3-21 净利润增长率变化趋势对比

(5) 市场价值

图 3-22 分别是违规上市公司和非违规上市公司的市场价值变化趋势对比图。图中每年的市场价值指标数值采用的是违规上市公司与非违规上市公司每股净收益的平均数（上）与中位数（下）。投资者可以根据每股净收益来分析上市公司股票价值未来的发展潜力。它是测定股票投资价值的重要指标之一，该比率反映了每股创造的税后利润，比率越高，表明所创造的利润就越多。从图中可以看出非违规上市公司的每股净收益比违规上市公司高，尤其是从 2018 年开始，差距逐年增加，表明非违规上市公司每股股票价值代表的财

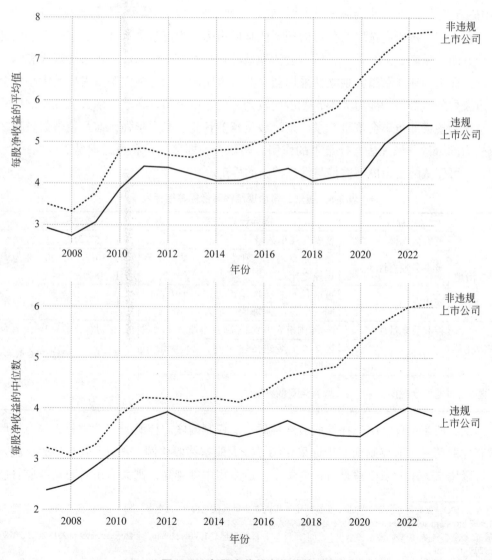

图 3-22 每股净收益变化趋势对比

富要比违规上市公司高很多，同时创造利润的能力和抵御外来因素影响的能力也更强。

3.4.4 公司治理特征画像

上市公司治理结构的核心在于实现股东价值的最大化，一般由股东大会、董事会、监事会和公司经营管理层构成。其中，股东大会是最高权力机构；公司董事会是最高决策机构，拥有对公司经营管理层的聘任、奖惩及解雇权；公司监事会对董事会进行监督；公司经营管理层负责公司的日常经营管理。但是，当前我国上市公司的治理结构中存在一些问题，主要表现为股权结构过于集中①、股东大会流于形式②、董事会缺乏独立性③、监事会的监督权流于形式。

根据文献，本研究选取的公司治理特征画像指标分为董事会治理、股东治理和内部监督三个方面（见表 3-5）。首先，董事会治理情况选择董事会独立性、董事会规模和两职合一三个方面来描述。董事会独立性采用独立董事占比来表示，独立董事占比的大小将会影响上市公司的监督行为能力大小，若占比较低，则上市公司存在被内部人员控制的风险较高。董事会规模即董事会董事数量，董事数量越多其监管能力越强，但是董事数量过多会造成权力的分散导致无法发挥董事的作用。两职合一即董事长和总经理是否为同一个人，两职合一可能威胁公司内部监控与信息披露的质量。

表 3-5 违规公司治理结构画像标签指标表

	指 标 名 称	指标计算公式	画像标签定义
董事会治理	董事会规模	董事会董事数量	小于 8.57 为低；反之为高
	董事会独立性（%）	独立董事占比，独立董事数量与董事规模之比	小于 30 为低；30~50 为中；大于 50 为高
	两职合一	董事长与总经理是否为同一个人：1= 同一个人；2= 非同一个人	1= 同一个人；2= 非同一个人
股东治理	控股股东性质	0= 非国有企业；1= 国有企业	0= 非国有企业；1= 国有企业
	股权制衡度	第 2~5 大股东持股比例 / 第一大股东持股比例	小于 0.82 低；反之为高
内部监督	监事会规模	监事会监事数量	小于 3 为低；等于 3 为中；大于 3 为高

其次，股东治理情况选择控股股东性质和股权制衡度。控股股东性质分为国有控股和非国有控股两种。股权制衡度指标采用第 2~5 大股东持股比例 / 第一大股东持股比例来计算，可以用来表示股东权益是否过度集中。股东集中度越高，则大股东对公司的监管能力

---

① 天有为 IPO：业绩高增长下的隐忧，高度依赖现代汽车集团风险几何？_吕冬芳_实际控制人_注册.搜狐网.2024-12-27.https://m.sohu.com/a/842505556_121850782.
② 股东大会岂能成为"少数人游戏"_经济日报_中国经济网.2018-05-22. http://view.ce.cn/view/ent/201805/22/t20180522-29205805.shtml.
③ 解读 | 改革来了，独董"不懂""不独"将远去.中国经济时报.2023-04-17. http://www.cet.com.cn/.

越强，但是过高可能会加深大股东与小股东和经营管理层之间的矛盾。

最后，内部监督选择监事会规模指标。监事会规模即监事会内部成员数量。

表3-6是整体样本治理结构各个指标的描述性统计。在董事会治理方面，董事会规模平均为8~9人，董事会中独立董事占比的平均值为37.523%，即按照9人的董事会规模，大约有3名独立董事。两职合一的平均值为1.708，大多数公司的董事长和总经理并不兼任。在股东治理层面，从控股股东性质来看，样本中非国有企业较多。股权制衡度体现了大股东之间相互监督的股权安排，股权制衡度越高，外部股东相对于控股股东的势力就越强，相应地外部股东监督的动机和能力也就越强，控股股东侵害的能力越弱，从而股权制衡对维护公司价值的积极作用的效果就越好。但是股权制衡度的盲目增大，会对公司价值产生负面影响。这是因为股权制衡度过高，大股东之间更容易产生矛盾和冲突甚至权力斗争，导致公司决策效率损失，公司价值下降。从整体研究样本来看，股权制衡度的平均值为0.746，股权制衡度较低，符合我国目前股权高度集中的现状。在监事会规模层面，监事人数的平均值为3.503，符合《公司法》中对监事人数的规定，即"有限责任公司应当设立监事不少于3名，股东较少或者规模较小的公司应设立1名或者2名监事"。

表3-6 整体样本公司治理各指标描述性统计

指标名称	观测值	平均值	标准差	最小值	中位数	最大值
董事会规模	50 879	8.519	1.706	5	9	15
董事会独立性	50 874	37.523	5.343	30	36.36	57.14
两职合一	49 601	1.708	0.455	1	2	2
控股股东性质	47 382	0.365	0.481	0	0	1
股权制衡度	50 875	0.746	0.611	0.027	0.585	2.777
监事会规模	50 879	3.503	0.999	2	3	7

如表3-7所示，将违规上市公司与非违规上市公司的各个指标进行均值检验，可以看到在两组样本之间，均值差异较大，且非违规上市公司的各个指标的均值显著高于违规上市公司，在以下部分将对两组样本的各个指标进行可视化，更为直观地展示二者的差异及在研究区间内的变化趋势。

表3-7 违规上市公司与非违规上市公司均值检验

指标名称	违规公司观测值	非违规公司观测值	两组样本均值差异	t值
董事会规模	11 675	39 204	0.169	9.423***
董事会独立性	11 673	39 201	−0.250	−4.359***
两职合一	11 283	38 318	0.018	3.696***
控股股东性质	11 147	36 235	0.114	23.095***
股权制衡度	11 675	39 200	−0.083	−12.743***

续表

指标名称	违规公司观测值	非违规公司观测值	两组样本均值差异	t 值
监事会规模	11 675	39 204	0.113	11.234***

注：*** 表示在 1% 水平下显著。

（1）董事会治理

图 3-23 是对董事会规模的画像分析。通过画像发现：与非违规上市公司相比，违规上市公司董事会规模 2014 年以来的均值均处于 8.6 以下，说明这些年份中大部分违规上市

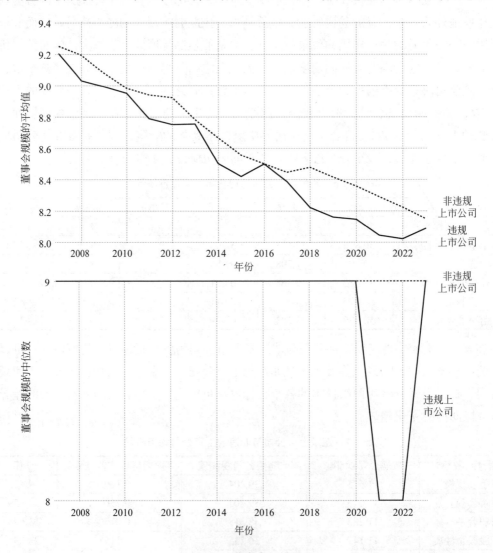

图 3-23　董事会规模对比

公司的董事会成员数都是小于 9 人的；而非违规上市公司的董事会规模多年来均显著高于违规公司，从中位数分布图可以看出非违规上市公司的董事会规模的中位数一直保持在 9，而违规上市公司 2020 年以来出现中位数低于 9 的情况，但也保持在 8。

图 3-24 给出了董事会独立性的分布趋势。通过独立董事年度占比分布图分析发现：独立董事占比为 30%～38%，违规上市公司独立董事占比波动较大，表现出一些违规上市公司对独立董事制度不够重视，而非违规上市公司的独立董事人数呈现平稳且有所上升的

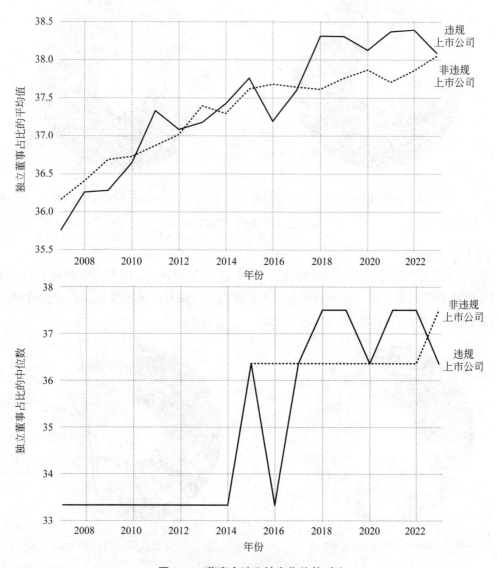

图 3-24 董事会独立性变化趋势对比

趋势，董事会波动较小。

图 3-25 为两职合一分布情况的对比。其中违规上市公司董事长与总经理不是同一个人的情况占 69.35%，是同一个人的情况占 30.65%，非违规上市公司董事长与总经理不是同一个人的情况占 71.17%，是同一个人的情况占 28.83%。通过画像发现，违规上市公司与非违规上市公司的两职合一情况相似。

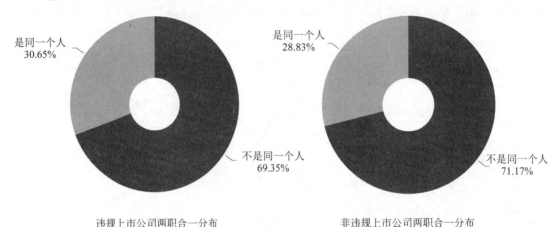

图 3-25　两职合一分布对比

（2）股东治理

图 3-26 为控股股东性质分布的对比。由于上市公司中，非国有企业整体占比偏高，所以无论是否为违规公司，非国有企业均占比较高。仔细对比分析发现，违规公司中非国有企业的违规行为占总体违规样本的 72.28%，国有企业则占 27.72%。

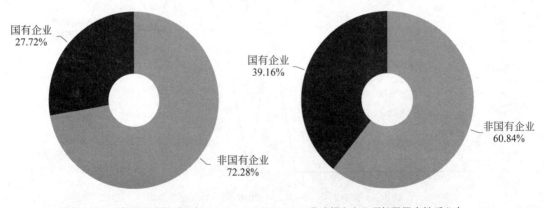

图 3-26　控股股东性质分布对比

图 3-27 和图 3-28 是对股权制衡度的画像。图 3-27 是每年度股权制衡度的变化趋势对比，参考线的值为 0.846，是所有样本股权制衡度的均值。图中股权制衡度的中位数和平均值大多位于参考线之下，说明大多数违规公司存在股权制衡度偏低的情况。通过画像发现：与非违规公司相比，违规公司的股权制衡度平均值分布波动更明显，非违规上市公司随年份增长处于波动上升中；中位数随年份变化趋势与平均值变化趋势相似。图 3-28 是股权制衡度画像标签的分布图。无论是否违规，绝大部分公司的股权制衡度都偏低。其中违

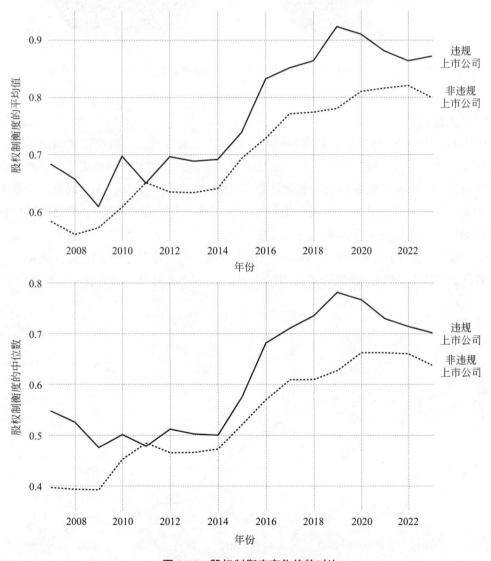

图 3-27 股权制衡度变化趋势对比

规公司股权制衡度偏低占 60.7%，偏高占 39.3%。说明第一大股东股权占比较高。

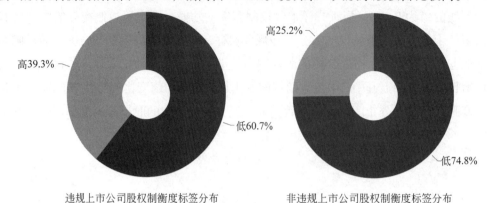

图 3-28　股权制衡度对比

（3）内部监督

图 3-29 和图 3-30 是监事会规模的画像。根据相关法律规定，规模较大的公司设立的监事会成员多于 3 人，而规模较小的企业可以设立一名或者两名监事会成员，因此将参考线设置为 3。图 3-29 是监事会规模变化趋势对比图，监事会人数都在 3 人以上。违规上市公司和非违规上市公司监事会规模均值均呈逐年下降趋势。图 3-30 是监事会规模标签分布对比图，其中违规公司中标签为高（人数大于 3 人）占 19.8%，中（人数等于 3 人）占 75.9%，低（人数小于 3 人）占 4.3%。通过画像发现：无论是否违规，超 80% 的企业均设置 3 名以上的监事；但是违规公司的监事会发挥作用较小，对公司的监管能力较差。

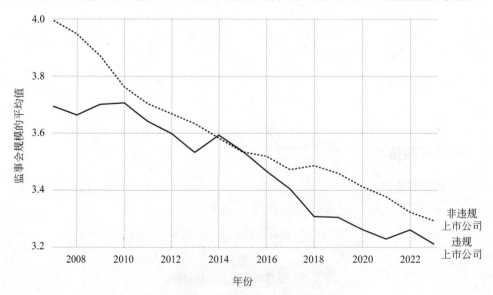

图 3-29　监事会规模年度分布对比

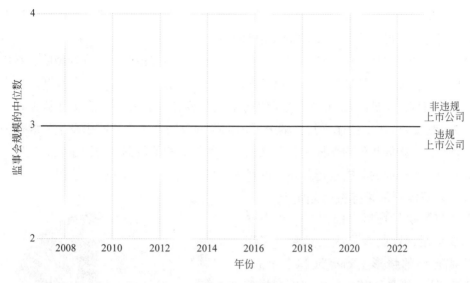

图 3-29 （续）

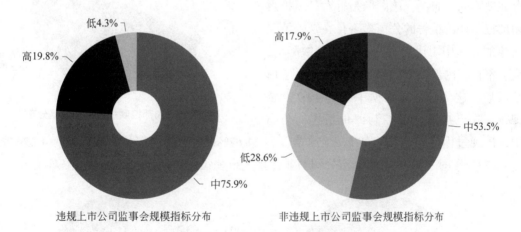

图 3-30 监事会规模对比

3.4.5 内部控制特征画像

公司内部监管主要依靠公司治理机制，公司治理机制的正常运行又依靠内部控制体系的有效性，若公司内部控制制度存在缺陷，公司治理失效，那么公司合规管理体系将无法正常运行。因此，内部控制是实现公司治理的基础设施建设，没有内部控制，公司治理无从谈起（杨雄胜，2005[79]；谢志华，2007[80]）。同时，内部控制的有效运行建立在完善的公司治理基础之上（林钟高和丁茂桓，2017[81]）。因此，公司治理与内部控制之间是相辅相成、相互嵌合的关系（李连华，2005[82]）。当公司内部控制存在缺陷时，公司治理环境也会出现问题，公司违规的内部监管机制可能会失效。

内部控制特征画像从内部控制评价报告是否披露、内部控制是否存在缺陷、在内部控制存在缺陷的情况下主要缺陷类型，以及内部控制整改情况四个方面进行构建。由于根据相关规定，内部控制披露在2012年以前属于自愿披露，在2012年以后属于强制披露，因此选取2012—2023年发生违规行为的公司内部控制数据。本小节使用发生违规行为上市公司违规公告披露同年的内部控制相关数据。内部控制相关数据来自国泰安数据库，将其与上市公司是否违规的数据进行合并，得到42 147条记录，共5 362家公司。

（1）内部控制是否存在缺陷情况

内部控制缺陷是指内部控制过程中存在缺陷或不足，这些缺陷或不足会对实现目标造成阻碍的情形（杨有红和李宇立，2011[83]）。图3-31是全部公司内部控制是否存在缺陷的分布图。该画像是针对已经披露内部控制评价报告的公司是否存在缺陷情况构建的。其中1代表存在内部控制缺陷，2代表不存在内部控制缺陷。删除该属性空白字段后，这部分画像数据中共有40 789条记录。在已披露内部控制评价报告的公司

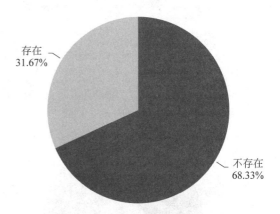

图3-31　内部控制是否存在缺陷分布

中，出现过内部控制缺陷的有2 878家，占31.67%；未出现内部控制缺陷的有4 674家，占68.33%。图3-32是违规上市公司与非违规上市公司是否存在内部控制缺陷对比图，二

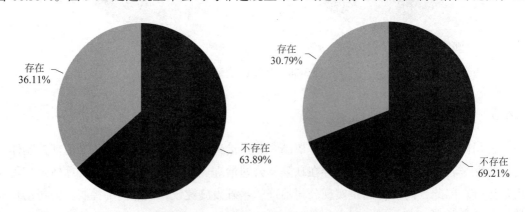

违规上市公司是否存在内部控制缺陷情况分布　　非违规上市公司是否存在内部控制缺陷情况分布

图3-32　内部控制是否存在缺陷对比

者相差不大，非违规上市公司不存在内部控制缺陷的占比比违规上市公司略高，说明内部控制是有一定效果的。

（2）内部控制缺陷类型分布情况

我国《企业内部控制基本规范》中将内部控制缺陷分为重大缺陷、重要缺陷与一般缺陷三类。该分类是依据内部控制缺陷重要性程度进行分类的。其中重大缺陷也称为实质性漏洞，指一个或者多个控制缺陷组合导致企业出现严重偏离所需实现目标的情况。重要缺陷是指一个或者多个控制缺陷组合导致企业出现偏离所需实现目标的情况，但其对企业经济后果以及影响程度要低于重大缺陷。最后将除重大缺陷与重要缺陷以外的内部控制缺陷视为一般缺陷（刘建伟和郑瞳，2012）[84]。图3-33是全部样本内部控制缺陷情况分布图。某家上市公司在不同年度发生的内部控制缺陷程度不同，在研究期间，一家公司可能在某年度发生重大缺陷，在下一年度发生一般缺陷。存在内部控制缺陷的公司一共有2 878家，其中：存在重大缺陷的公司有426家，占4.9%；存在重要缺陷的公司有290家，占3.1%；存在一般缺陷的公司有2 681家，占92%。图3-34是违规上市公司与非违规上市公司内部控制缺陷类别分布对比图，违规上市公司一般缺陷情况占比77.88%，存在15.46%的重大缺陷，而非违规上市公司一般缺陷情况占比高达97.2%，重

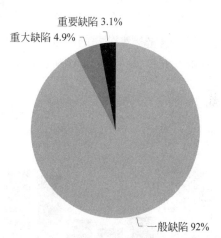

图3-33　内部控制缺陷类别分布

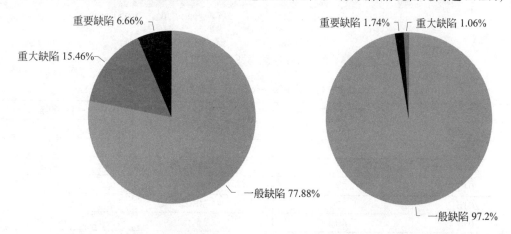

违规上市公司内部控制缺陷类别分布　　非违规上市公司内部控制缺陷类别分布

图3-34　内部控制缺陷类别分布对比

要缺陷和重大缺陷占比非常低。违规公司不仅存在较多的一般缺陷,而且存在显著的重大缺陷,表明其内部控制体系可能存在根本性问题,应多加防范。

图 3-35 是从 2012 年开始每年全部样本内部控制缺陷类型数量分布图。表 3-8 是每年度内部控制缺陷类型分布情况表,记录了 2012—2023 年各年度存在重大缺陷、重要缺陷和一般缺陷的企业数量。存在重大缺陷的企业数量在 2019 年达到峰值,为 110 家企业;存在重要缺陷的企业数量整体上变化不大,数量通常为 20~55 家;存在一般缺陷的企业数量整体呈上升趋势,从 2012 年的 573 家增长到 2023 年的 1 450 家。图 3-36 是从 2012 年开始每年违规上市公司与非违规上市公司内部控制缺陷分布类型数量对比图。图中横坐标为年份,纵坐标为公司的数量。从图中可以看出,存在内部缺陷的公司数量逐年上升,每年基本上都是一般缺陷类型数量最多。

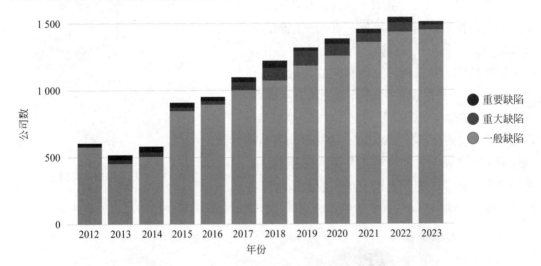

图 3-35　内部控制缺陷类型公司年度数量分布

表 3-8　每年内部控制缺陷类型分布情况表

年　　份	重大缺陷	重要缺陷	一般缺陷
2012	9	20	573
2013	27	36	452
2014	34	41	504
2015	27	34	846
2016	27	30	893
2017	60	35	1 001
2018	96	51	1 073
2019	110	23	1 184

续表

年　份	重大缺陷	重要缺陷	一般缺陷
2020	87	39	1 258
2021	64	31	1 360
2022	69	38	1 436
2023	37	23	1 450

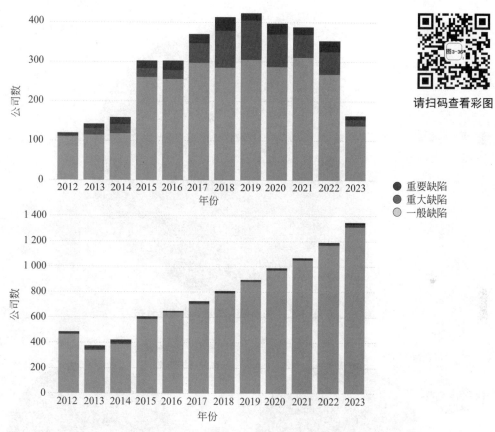

图 3-36　内部控制缺陷类型公司年度数量分布对比

（3）内部控制缺陷整改情况

根据内部控制缺陷整改完成进度，将内部控制缺陷整改情况分为三类，即未得到整改、部分得到整改和已得到整改。未得到整改是指对内部控制缺陷尚未采取任何措施进行弥补，部分得到整改是指对部分缺陷进行了弥补，已得到整改则是完成了对内部控制缺陷的弥补。由于内部控制缺陷整改情况数据披露较少，对于该属性字段缺失数据进行删除，最终剩4 164 条数据（见表 3-9）。此部分画像统计数取记录数而非违规公司数。图 3-37 是全部公司内部控制缺陷整改情况分布图，在这些存在内部控制缺陷情况的公司中，76.13% 的公司共 1 184 家已经完成了对内部控制缺陷的整改，20.24% 的公司共 468 家部分整改了内部控制缺陷，而剩余 3.63% 的公司共 116 家对内部控制缺陷未采取任何整改措施。图 3-38 是违规上市公司与非违规上市公司内部控制缺陷整改情况分布对比图，违规上市公司内部控制缺陷未得到整改的占比相对非违规上市公司的占比较高。

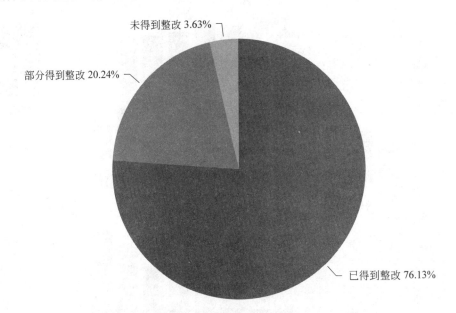

图 3-37　内部控制缺陷整改情况分布

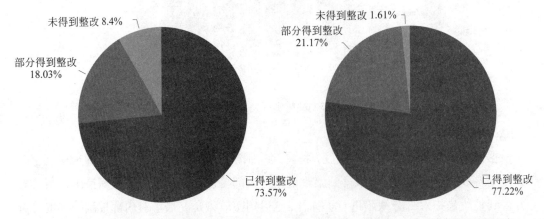

图 3-38　内部控制缺陷整改情况分布对比

图 3-39 是从 2012 年开始每年全部公司内部控制缺陷整改情况分布图，图 3-40 是从 2012 开始每年违规上市公司与非违规上市公司内部控制缺陷整改情况分布图。图中横坐标为年份，纵坐标为各类整改情况的数量。从图中可以看出，存在内部控制缺陷的数量在 2018 年和 2019 年达到峰值，部分得到整改的公司在 2012 年达到最高值（205 家），其余年份都是在 50 家上下浮动。已得到整改的公司数量也大致在 2021 年达到顶峰。

表 3-9　每年内部控制缺陷整改分布情况表

年　份	未得到整改	部分得到整改	已得到整改
2012	2	205	170
2013	14	59	170
2014	14	32	197
2015	9	26	278
2016	7	45	266
2017	11	62	281
2018	24	81	321
2019	20	98	311
2020	18	71	316
2021	11	68	333
2022	10	59	306
2023	11	38	223

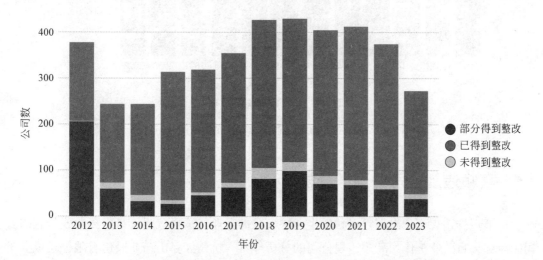

图 3-39　内部控制缺陷整改情况年度公司数量分布

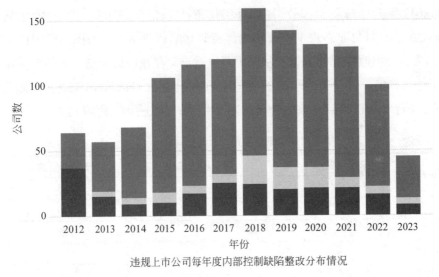

违规上市公司每年度内部控制缺陷整改分布情况

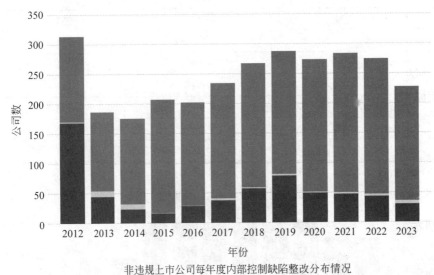

非违规上市公司每年度内部控制缺陷整改分布情况

图 3-40　内部控制缺陷整改情况年度企业数量分布对比

3.5　高频违规公司的画像分析

本节根据违规记录出现频率和发生违规较多的行业，选择杭州天目山药业股份有限公司（简称天目药业）作为高频违规公司的分析样本。杭州天目山药业股份有限公司成立于

1993年8月12日，位于浙江省，所属行业为医药制造业，主营业务为医药制造、药品流通和中医诊疗等。2023年，天目药业成为青岛地方国资成员企业，控股股东身份转换成国有企业。2023年，公司实现营业收入12 177.85万元，同比上升11.82%。基于以上变化，本节中对天目药业在2023年之前的违规行为、财务特征、公司治理、外部监督等进行分析。数据来源于国泰安中国上市公司违规处理研究数据库。

3.5.1 违规类型分析

为了细分违规类别，以天目药业2006—2023年的违规行为为例进行分析，如图3-41所示。

天目药业的违规类型主要分为四种：重大遗漏；推迟披露；误导性陈述；虚构利润。其中，重大遗漏、推迟披露和误导性陈述合计占比将近99%，是天目药业的主要违规行为，分别占51.9%、34.18%和12.66%。以上四种违规行为通过隐藏、推迟披露天目药业的关联交易事项

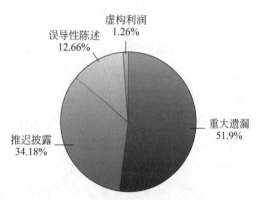

图3-41 天目药业违规行为占比

和各种有重大影响的会计信息，对天目药业的报表和公司形象进行美化，吸引广大投资者的青睐及各方投资。虚构利润所占比例相对较低，为1.26%。虽然次数不多，但是这些违规行为严重违反了证券市场对信息披露的管理规定，对投资者的决策造成严重误导，为以后的内控问题埋下了种子，对上市公司造成了一定的负面影响，破坏了证券市场的秩序。

3.5.2 违规类型存在关系分析

本小节从并发性角度对天目药业的违规行为进行分析，统计天目药业的违规行为在同一年度同时发生两次以上的违规行为。这种违规行为叫作并发性违规行为，如表3-10所示。

表3-10 违规事项并发性占比

重大遗漏	推迟披露	误导性陈述	虚构利润	次数
√	√			6
√		√		3
√	√	√	√	1
合计				10

在统计天目药业违规事项的基础上,我们对并发违规类型进行了简单梳理,发现天目药业所有的并发事项都包括重大遗漏和推迟披露。这两种违规事项可以说是违规事项的必备事项。天目药业对股东和投资者进行误导性陈述时,为了更好地吸引投资者和粉饰公司形象,会对公司内部有重大影响的事项进行隐藏或者延迟披露。当天目药业要进行虚构利润的违规操作时,也会对部分事项予以遗漏或者延迟披露。这些行为都是对股东利益的威胁,会扰乱资本市场。由此可以看出,天目药业会计信息披露违规事项的并发性是非常显著的。

3.5.3 违规发生时间趋势分析

为了更好地分析天目药业会计信息披露违规事项,本小节将天目药业的违规事项用时间轴的方式罗列出来,以更好地分析天目药业各年的违规行为。

根据国泰安中国上市公司违规处理研究数据库,除 2015 年外,天目药业 2006—2023 年连续发生违规行为。如图 3-42 所示,2018—2020 年是天目药业会计信息披露违规行为的高发期。根据相关规定,连续三年亏损的上市公司会有退市的风险,很多公司因为业绩不达标,怕被退市而铤而走险。由于近年来证券市场财务造假等信息披露违规案件性质恶劣且屡禁不止,2021 年中国证监会及沪深交易所在充分征求意见的基础上,正式推出了"退市新规"。修改后的退市标准更加严格,财务造假的年限由三年减至两年,财务造假金额由 10 亿元降低至 5 亿元,造假比例降为占营业收入 50% 等,这些规定意味着上市公司一旦发生触碰上述规定的违规行为,就会面临退市风险。

请扫码查看彩图

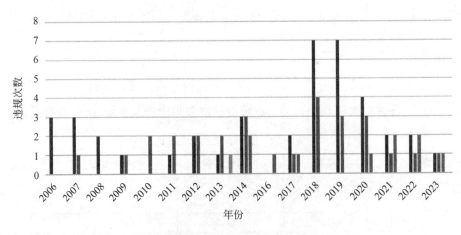

图 3-42 从时间角度统计违规行为

3.5.4 违规行为内容分析

（1）未及时披露关联方交易并占用公司资产

对违规公告中披露的公司违规行为的文本进行分析，2006—2023 年，根据违规公告中的违规内容及该公司年度报告的资料搜集得到，天目药业通过虚假股权交易、工程建设等方式向公司控股股东及其关联方提供资金，使股东及其关联方占用非经营性资金，损害了其他股东权益，并且未进行披露，具体事项如表 3-11 所示。

表 3-11 未披露股东及其关联方占用非经营性资金明细

关 联 方	非经营性资金占用方式	占 用 时 间	金额 / 万元
山东现代物流中心发展有限公司	银行电子汇款	2006 年 12 月至 2007 年 4 月	1 100.00
浙江现代汽车维修有限公司	开具银行汇票	2006 年 11 月至 2006 年 12 月	4 000.00
浙江现代汽车维修有限公司	开具银行汇票	2006 年 12 月至 2007 年 3 月	2 850.00
杭州富鼎投资有限公司	银行电子汇款	2007 年 4 月至 2007 年 5 月	2 000.00
浙江现代汽车维修有限公司	签订广告代理合同	2006 年 9 月至 2007 年 4 月	940.00
浙江现代汽车维修有限公司	签订购买包装原材料的合同	2006 年 12 月至 2007 年 4 月	1 500.00
现代联合控股集团有限公司	直接资金占用	2007 年至今	713.00
山东现代物流中心发展有限公司	转让股权未收股权转让款	2007 年至今	3 320.50
现代联合控股集团有限公司	预付货款	2007 年 5 月至 2008 年 9 月	250.00
现代联合控股集团有限公司	签订产品购销合同	2007 年 6 月至 2009 年 4 月	280.50
现代联合控股集团有限公司	预付货款	2007 年 12 月至今	270.00
现代联合控股集团有限公司	签订合作经营协议	2008 年 9 月至 2009 年 3 月	230.00
杭州现代联合投资有限公司	预付货款	2008 年 8 月至 2009 年 4 月	450.00
山东现代家电市场有限公司	直接资金占用	2008 年 9 月至今	24.00
浙江现代商贸物流发展有限公司	直接资金占用	2009 年 1 月至今	5.00
现代联合控股集团有限公司	签订借款合同	2009 年 1 月至 2009 年 3 月	150.00
现代联合控股集团有限公司	签订借款合同	2009 年 1 月至今	200.00
现代联合控股集团有限公司	预付广告款	2009 年 1 月至今	120.00
浙江清风原生文化有限公司	通过委托付款占用资金	2017 年 8 月至 2019 年 12 月	2 460.00
长城影视股份有限公司	签订借款合同	2020 年 1 月至 2020 年 12 月	270.00
永新华瑞文化发展有限公司	签订《债权转让协议书》	2021 年 4 月至今	4 000.00
杭州文韬股权投资基金合伙企业（有限合伙）、杭州武略股权投资基金合伙企业（有限合伙）	支付股权转让费未转让股权	2019 年 4 月至今	5 414.00
浙江共向建设集团有限公司兰州分公司	支付工程建设费未施工	2018 年 7 月至今	8 487.12

从表3-11可以看出天目药业关联方及其控股股东占用非经营性资金的具体情况。2006—2009年现代联合控股集团有限公司及其子公司多次对天目药业进行资金拆借，而未披露该关联交易。此外，该公司还通过签订各种购销合同，只付购货款而不购入货物的方式占用非经营性资金。

2018—2019年，天目药业通过虚假股权交易的方式，使其全资子公司银川天目购买了文韬基金、武略基金所控股的下属子公司银川西夏。在交易过程中，银川天目支付了5 141万元的股权转让费，但时至2020年其相关股权都尚未过户，由此导致三年间占用非经营性资金5 141万元。

2018—2020年，天目药业以工程建设方式进行资金占用。2018年6月20日，天目药业全资子公司银川天目与共向兰州签订总价为6 000万元的工程合同，约定由共向兰州承包建设银川天目旗下的相关温泉康养项目。2018—2019年，银川天目累计向共向兰州转账3 073.12万元，其中2 700万元最终转入长城集团控股子公司浙江青苹果网络科技有限公司，373.12万元用于偿付长城集团向李某岳的借款。上述工程项目无施工迹象，由此导致原控股股东及其关联方占用非经营性资金8 487.12万元。

天目药业在多个时点应当履行临时报告与披露义务，但一直没有履行。同时，天目药业还在多个定期报告时点隐瞒了公司资金被大股东及其关联方占用的情况。这些信息披露违法行为发生次数多，持续时间长，属于连续性、习惯性的违法行为。证据表明，时任天目药业董事长、实际控制人章某飞、赵某勇、赵某凡等作为有关涉案事项的策划者、指挥者和具体经办人，是这些信息披露违法事项最主要的直接负责的主管人员。同时，天目药业在各违规年份的报告中均有董事会决议签字，由此可以证明天目药业董事会没有履行督促、监督天目药业形式上的公司治理机制、内部控制制度，也没有对实际控制人的行为实施必要的、有效的监督与制约。

（2）未及时披露担保事项

2017—2018年，天目药业未按照规定及时披露其关联担保和对外担保的情况，从而导致相关年度的年报存在重大遗漏，如表3-12所示。

表3-12　未及时披露担保事项

关联关系	债权人	债务人	担保方	担保金额	占上年审计净资产百分比/%	时间
控股股东	光大银行苏州分行	长城影视	杭州天目	1亿元	169.58	2017年12月28日至2018年12月28日

续表

关联关系	债权人	债务人	担保方	担保金额	占上年审计净资产百分比/%	时间
员工	黄山市屯溪区供销农副产品专业合作社	黄山天目员工	黄山天目	500万元	7.45	2018年3月
控股股东	黄山天目薄荷药业有限公司员工个人	长城影视	杭州天目	352万元	24.52	2018年6月
控股股东	天目药业员工个人、黄山天目员工个人等两人	长城影视	杭州天目	500万元		2018年8月
控股股东	天目薄荷员工个人、黄山天目员工个人、天目药业员工个人等三人借款	长城影视	杭州天目	770万元		2018年11月

根据中国证监会的调查结果，天目药业在违规期间向控股股东及员工个人提供的担保事项共有4笔，担保的金额高达1.21亿。具体来说，2017年与清风原生等其他四方为控股股东长城影视提供担保，担保金额1亿元，占2016年审计净资产的169.58%，资金提供方为光大银行苏州分行；2018年提供的担保事项共有5项，总金额为2122万元，其中为关联方提供的担保有3笔，金额高达1622万元，占2017年审计净资产的24.52%；为黄山天目员工提供担保1笔，金额高达500万元。

（3）未及时披露转让子公司事项

2011—2022年，天目药业多次转让子公司股权，而未及时进行披露，如表3-13所示。2011年12月2日，天目药业召开董事会，审议并通过了《关于转让两家子公司股权的议案》，同意以1500万元的价格向杭州誉振科技有限公司（以下简称誉振科技）转让杭州天目保健品有限公司（以下简称保健品公司）和杭州天目山铁皮石斛有限公司（以下简称铁皮石斛公司）100%的股权，并提交股东大会审议。2012年3月30日，天目药业与誉振科技、保健品公司、铁皮石斛公司签订《补充协议》。《补充协议》中有天目药业应收账款清收等内容，属于《上市公司信息披露管理办法》第三十条第二款第（三）项"公司订立重要合同，可能对公司的资产、负债、权益和经营成果产生重要影响"的重大事件，应立即披露，而天目药业2012年7月26日才对此协议进行披露。

表3-13 未及时披露转让子公司事项

转让公司	转让金额（份额）	转让时间	违规行为
杭州天目保健品有限公司、杭州天目山铁皮石斛有限公司	1500万元	2011年12月2日	推迟披露

续表

转让公司	转让金额(份额)	转让时间	违规行为
深圳京柏医疗设备有限公司	转让子公司60%的股权	2013年8月	推迟披露、误导性陈述
杭州天目医药有限公司	150万元	2013年12月23日	重大遗漏
浙江天目生物技术有限公司	497.97万元	2022年10月26日	推迟披露

天目药业董事会2013年审议通过《关于转让深圳京柏公司股权的议案》,将公司控股子公司深圳京柏医疗设备有限公司(以下简称深圳京柏)60%的股权转让给该公司股东梁某初。转让后,天目药业不再持有深圳京柏股份。2014年2月11日,深圳京柏完成工商登记变更,但天目药业未在2013年年度报告中披露上述处置子公司股权的资产负债表日后事项,存在信息披露重大遗漏。同时,天目药业在2014年度第一季度报告中,依然将深圳京柏作为合并范围内的子公司,相关财务报表存在重大差错。

2013年12月23日,天目药业召开董事会,审议通过了《关于转让杭州天目医药有限公司股权的议案》,同意将公司持有的子公司杭州天目医药有限公司(简称杭州天目)全部股权作价150万元转让给朱某有。2014年1月,天目药业与朱某有签订了《股权转让协议》,并收到了全部股权转让款。截至2013年10月31日,杭州天目净资产为-3 003.3万元,本次转让对公司合并报表利润影响为230万元。本次交易属于应当披露的交易,但天目药业未按规定履行相应的临时公告义务,也未及时向会计师事务所报送有关董事会决议。

(4)未及时披露股权变动事项

2014—2023年,天目药业的股东多次进行股权变动,但都未及时披露,具体未及时披露的股东、股权影响及其原因如表3-14所示。

表3-14 未及时披露股权变动事项

股东	股权变动	原因	时间	违规行为
杭州现代联合投资有限公司	6.57%减至0.37%	被司法执行6.2%	2014年11月24日、25日	推迟披露
长城汇理及其一致行动人(中融汇理1号、融通汇理1号、财通汇理1号)	减持26.15%	3只资产管理计划出售股票价格差异较大	2016年12月28日至2017年1月24日	误导性陈述
长城影视文化企业集团有限公司	影响27.25%	未及时披露可能导致上市公司控制权变动的合作协议	2018年9月20日	推迟披露
长城影视文化企业集团有限公司	影响20.53%	未及时披露可能导致上市公司控制权变动的股份质押诉讼	2019年1月7日	重大遗漏

续表

股东	股权变动	原因	时间	违规行为
长城影视文化企业集团有限公司	影响 27.25%	未及时披露股份被轮候冻结信息	2019 年 4 月 2 日	推迟披露
股东李某凤及其一致行动人	增持 5.52%	股票增持超过 5%，未及时披露	2020 年 7 月 10 日至 2021 年 1 月 20 日	推迟披露
永新华瑞文化发展有限公司及其一致行动人	减持 23.81%	公司第一大股东股权变更，未及时披露	2022 年 2 月 28 日	推迟披露
永新华瑞文化发展有限公司	减持 0.19%	未按规定提前 15 个交易日履行减持预披露义务	2023 年 3 月 29 日	重大遗漏

3.5.5 财务特征分析

如图 3-43 所示，2007—2022 年天目药业的流动比率一直小于 2，在 2011 年以后小于 1，且有下降趋势，也就是说，流动资产不足以偿还流动负债，需要动用长期资产进行偿还，会导致资产错配、现金流断裂的风险。从长期偿债能力来看，资产负债率在 0.5 和 1 之间，尤其是 2012 年后，逐年上升且接近 1，即负债总额与资产总额逐年逼近，表明长期偿债能力较弱，长期发展容易出现资不抵债的现象。

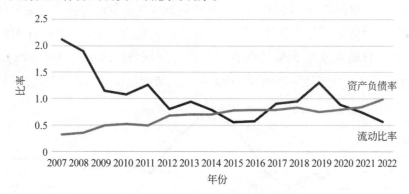

图 3-43 流动比率与资产负债率趋势

如图 3-44 所示，应收账款周转率和固定资产周转率在 2013 年达到最高值，查看 2013 年天目药业违规信息发现，天目药业存在虚构收入的违规行为，其将受托加工按一般采购销售业务进行会计处理，导致销售业务虚增收入 4 504.98 万元。这一操作导致销售收入增加，计算周转率的分子增加，导致 2013 年应收账款周转率与固定资产周转率上升。

通过查看历年净利润增长率发现，2013 年净利润增长率为 4.18%，2014 年净利润增长率为 -962.55%，2013 年虚增利润导致 2014 年净利润增长率急速下降。

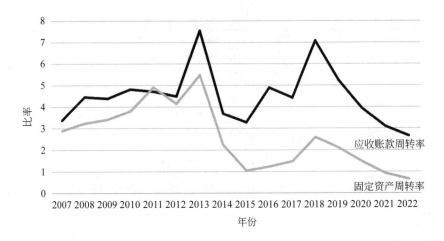

图 3-44 应收账款周转率与固定资产周转率趋势

3.5.6 公司治理特征分析

（1）股权制衡度较低

图 3-45 为天目药业 2007—2022 年股权制衡度变化图。一般来说，股权制衡度在 2.13 和 3.09 之间时企业治理结构较强，违规风险发生率最低，代理成本也相对较低，股权制衡的效果最好。观察图 3-45 可以看出，天目药业股权制衡度的总体变化是由低到高再回降的趋势，这个趋势与其暴发违规事项的趋势是相对应的。2007—2011 年股权制衡度在 1 以下，此时天目药业发生大量关联方占用资金的现象。2016—2022 年股权制衡度在 1.5 以下，此时天目药业违规事项频发。由此可见，股权制衡度与企业是否违规相关。

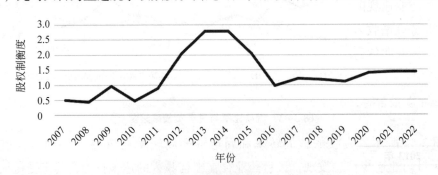

图 3-45 股权制衡度趋势

（2）违规行为发生前后独立董事人员大换血

2006—2009 年天目药业发生大量关联方占用资金的违规行为，通过观察表 3-15 可以发现，在违规行为发生期间除 2007 年独立董事徐某因繁忙辞职外，独立董事并未发生变化，但是在违规行为发生前,2006 年天目药业独立董事大换血。

表 3-15　2005—2010 年独立董事人员变化

2005 年	2006 年	2007 年	2008 年	2009 年	2010 年
蔡某玉	颜某友	颜某友	颜某友	颜某友	颜某友
程某安	管某苟	管某苟	管某苟	管某苟	管某苟
金某军	徐某	吴某波	吴某波	吴某波	吴某波
	蔡某玉	徐某			
	程某安				
	金某军				

2018—2020 年天目药业违规行为频繁,通过观察表 3-16 可以发现,2018—2020 年除罗某平因满六年换届外,没有发生其他人员变化,但在 2021 年除章某忠、余某春因满六年换届外,张某鸣也辞去了独立董事职务,间接造成 2021 年独立董事大换血。

表 3-16　2017—2021 年独立董事人员变化

2017 年	2018 年	2019 年	2020 年	2021 年
章某忠	章某忠	章某忠	章某忠	章某忠
余某春	余某春	余某春	余某春	余某春
罗某平	罗某平	张某鸣	张某鸣	张某鸣
	张某鸣			裴某
				李某
				赵某

在天目药业违规前后独立董事人员变化最明显的是 2014 年虚增利润爆出后。2013 年通过销售业务虚增收入 4 504.98 万元、虚增成本 4 504.98 万元,用 2012 年预提费用冲减应收账款的坏账准备和存货的减值准备,虚增利润 78.39 万元。在违规事项爆发后郑某新、徐某城辞去独立董事一职(见表 3-17),通过查阅天目药业年报发现在董事会召开会议审议 2013 年年度报告时,独立董事郑某新、徐某城投反对票。

表 3-17　2013—2015 年独立董事人员变化

2013 年	2014 年	2015 年
罗某平	罗某平	罗某平
屈某辉	屈某辉	屈某辉
张某	张某	张某
郑某新	郑某新	章某忠
徐某城	徐某城	

（3）独立董事未尽职责

通过分析表 3-18 发现，独立董事在 2006—2009 年召开董事会议时多次委托他人参加董事会，而不是采取现场出席这种更为积极和负责的方式履职，而且有五次独立董事缺席董事会，从而极大降低了其行使权利的及时性和有效性。虽然 2018—2020 年独立董事参会情况比较好，在此期间召开董事会 23 次，仅有两位独立董事委托参会（见表 3-19），但是独立董事在违规期间未对公司有关议案情况发表异议意见，均为同意意见，而该公司 2006 年和 2017 年已经存在关联方占用资金现象，2018 年出现违规担保事项。由此可见，独立董事在任职期间可能已经失去独立性，存在未尽职责的嫌疑。

表 3-18　2006—2009 年独立董事参会情况

独立董事姓名	应参加董事会次数	委托参加董事会次数	缺席参加董事会次数
颜某友	42	1	0
管某莳	42	3	0
吴某波	36	7	0
徐某	6	1	5

表 3-19　2018—2020 年独立董事参会情况

独立董事姓名	应参加董事会次数	委托参加董事会次数	缺席参加董事会次数
章某忠	23	1	0
罗某平	3	0	0
余某春	23	1	0
张某鸣	20	0	0

（4）违规前后监事人员变动情况

天目药业的监事人数一直为 3 人，符合《公司法》规定。2006—2021 年，除江某生、徐某宁连任 6 年外，其他监事都是满三年换届，不受违规行为影响。

3.5.7　内部控制缺陷分析

企业内部控制是指企业内部有效实施管理政策的系统和过程，目的是确保组织实现任务的可靠性、保护有限资源的合理使用、确保财务报表信息的正确性和及时性以及企业绩效的改善。企业内部控制的重要性在于，它可以从多个层面提升企业的效率。

完善的内部控制有助于企业提高资金利用效率。在实施完善的内部控制制度后企业可以有效控制资金收入、支出，并能更为有效地利用资金。同时，这种有效的操作可以减少经营风险,合理核算财务报表,让企业更加安全可靠。

正是天目药业内部控制的不完善,导致该企业在数年间多次产生内部控制重大缺陷事件,具体说明如下:

① 内部审计执行不到位。2014年天目药业未按规定披露转让子公司深圳京柏医疗设备有限公司股权事项,这是一项重大的未披露事项,然而上市公司内部审计人员却没有发现该重大未披露事项,这是内部审计人员缺乏专业知识和实践经验的一种体现。

② 企业内部质量检测不到位。2014年12月生产、销售的183件(14 640小盒)百合固金口服液每1ml含白芍以芍药苷0.24mg,不符合《中国药典》2010版一部中每1ml含白芍以芍药苷不得少于0.30mg的规定。该事件属于内部检测控制的缺陷,是对于销售的商品没有进行合格质量检测造成的后果。

③ 对外担保管理不到位。天目药业于2017年12月未经股东会审议并且未披露通过中国光大银行苏州分行对关联方长城影视提供1亿元授信额度担保贷款。2018年9月长城影视通过光大银行以此担保,获得2 500万元贷款,贷款期满后剩余连本带息共计13 995 779.75元。此外,天目药业2018年曾多次为控股股东向公司的个人借款提供担保而未经审议及披露,具体如表3-20所示。

表3-20 2018年向个人提供担保借款未披露明细　　　　　　　　　　　　万元

人员	2018年3月	2018年6月	2018年8月	2018年11月
黄山薄荷李某某	170	352	331	
黄山天目潘某某	150		169	120
黄山天目梅某某	180			
公司制药中心叶某				100
黄山薄荷任某某				550

以上事项均发生在2019年以前,公司2019年度新增的对外担保均为对公司全资子公司及控股子公司的担保,并按规定提交董事会、股东大会审议通过,并且已披露,在本报告期内未发生新增的违规担保事项。

④ 存货管理存在重大缺陷。2020年黄山天目存在虚构采购、原材料未入库已出库、账账不符、账实不符且未定期盘点进行账实核对等问题。2018—2019年天目药业通过与销货方降低购买原材料单价成本,再冲抵虚构的采购业务货款,达到从中影响存货、应付账款、预付账款等列报项目的列报。

⑤ 合同管理方面存在重大缺陷。2021年天目药业控股子公司与关联方签订各种服务

协议、销售合同，只通过子公司负责人审批，没有通过层层审核，不符合公司《合同管理制度》相关规定。

3.5.8 审计师决策

2009—2023 年，天目药业就一直收到中国证监会、上海证券交易所和中国证监会江苏监管局发布的违规公告。在这 15 年里，天目药业多次更换审计师，包括天健会计师事务所有限公司、信永中和会计师事务所有限公司、华寅会计师事务所有限责任公司（2011—2015 年连续五年）、瑞华会计师事务所（特殊普通合伙）（2016—2018 年连续 3 年）、中天运会计师事务所（特殊普通合伙）、苏亚金诚会计师事务所（特殊普通合伙）、中兴财光华会计师事务所（特殊普通合伙）（2021—2022 年）的审计师。除 2012 年、2013 年、2017 年和 2018 年收到标准无保留意见外，审计意见均为无保留意见加事项段、保留意见或保留意见加事项段，甚至是无法发表意见，如表 3-21 所示。

表 3-21　2009—2023 年天目药业审计师情况表

年份	审计意见类型	审计师	会计师事务所	审计费用/元
2009	保留意见加事项段	叶某民，姜某跃	天健会计师事务所有限公司	350 000
2010	保留意见	路某，吕某艳	信永中和会计师事务所有限公司	350 000
2011	保留意见加事项段	杨某兰，尚某海	华寅会计师事务所有限责任公司	450 000
2012	标准无保留意见	杨某兰，刘某民	华寅五洲会计师事务所（特殊普通合伙）	450 000
2013	标准无保留意见	杨某兰，刘某民	中审华寅五洲会计师事务所（特殊普通合伙）	450 000
2014	无保留意见加事项段	易某，刘某民	中审华寅五洲会计师事务所（特殊普通合伙）	600 000
2015	无保留意见加事项段	易某，刘某民	中审华寅五洲会计师事务所（特殊普通合伙）	720 000
2016	保留意见	邢某军，张某志	瑞华会计师事务所（特殊普通合伙）	650 000
2017	标准无保留意见	邢某军，刘某	瑞华会计师事务所（特殊普通合伙）	750 000
2018	标准无保留意见	邢某军，刘某	瑞华会计师事务所（特殊普通合伙）	750 000
2019	无法发表意见	王某平，聂某枝	中天运会计师事务所（特殊普通合伙）	750 000
2020	无保留意见加事项段	于某斌，王某	苏亚金诚会计师事务所（特殊普通合伙）	680 000
2021	保留意见	李某斐，张某	中兴财光华会计师事务所（特殊普通合伙）	800 000
2022	无保留意见加事项段	李某斐，张某	中兴财光华会计师事务所（特殊普通合伙）	1 000 000
2023	无保留意见加事项段	郝某宏，李某梅	尤尼泰振青会计师事务所（特殊普通合伙）	770 000

数据来源：国泰安数据库

在 2009 年的审计报告中，审计师在强调事项段中提到了该公司被中国证监会立案调查的相关情况，导致保留意见的主要事项是对资产支出和销售费用未取得相应的审计证据。

在2010年的审计报告中,审计师未提及公司董事长、总经理和财务副总监收到的上海证券交易所的公开谴责的处罚公告,审计师从存货未实施盘点程序、销售费用未取得审计证据出发给予保留意见。2011年,审计师主要关注收入及相关交易的真实性,是否涉及关联方交易。而2012—2013年,审计师均出具标准无保留意见,审计报告中未详述关键审计事项。2014年审计师提到了中国证监会立案调查尚未结案,且2014年和2015年两年的审计报告的强调事项均为生产线是否正常运转所导致的经营可持续性风险。

2016—2018年,公司更换会计师事务所为瑞华会计师事务所,新的审计师关注了在生产线未得到权威认证的同时非经常性损益对公司收入的影响,并且存在大额的商誉减值,但是却在2017年和2018年都出具了标准无保留意见。随后在2019年,中国证监会浙江监管局对瑞华会计师事务所(特殊普通合伙)出具了《关于对瑞华会计师事务所(特殊普通合伙)采取出具警示函措施的决定》,指出审计师"不符合《企业内部控制审计指引》第二十条、《中国注册会计师审计准则第1301号——审计证据》第十条、《中国注册会计师鉴证业务基本准则》第二十八条的相关规定,不符合《中国注册会计师鉴证业务基本准则》第二十八条的相关规定,不符合《企业内部控制审计指引》第二十九条、《中国注册会计师审计准则第1332号——期后事项》第八条的相关规定,不符合《企业内部控制审计指引》第四条、第八条、第三十四条,《中国注册会计师审计准则第1301号——审计证据》第十条、《中国注册会计师审计准则第1131号——审计工作底稿》第十条的相关规定,不符合《中国注册会计师执业准则》《中国注册会计师职业道德守则》的有关要求,违反了《上市公司信息披露管理办法》第五十二条、第五十三条的规定"。

2019年,公司更换会计师事务所为中天运会计师事务所,收到较为严厉的审计意见类型,即无法发表意见,审计师提到了中国证监会立案调查事项以及其他违规占用资金、违规担保等违规行为,这些违规行为在中国证监会浙江监管局发布的违规公告中都有所提及。

2020—2022年,公司再次更换了会计师事务所,审计师以收入确认、资产减值等事项作为保留意见的发表依据,判定公司存在重大错报风险。

综上所述,审计师给出审计意见决策时,会将中国证监会的立案调查作为重要的参考依据,并据此展开审计证据的获取、审计程序的执行,也会将其调查内容结合审计过程获得的结论作为重要事项提醒投资者和股东重点关注,并发布保留意见。

第 4 章 基于机器学习模型的上市公司违规行为预测

机器学习作为人工智能的一个前沿领域，正以其广泛的应用深刻改变我们生活和工作的方式。机器学习能够赋予计算机系统学习和适应能力，使其能够从数据中提炼模式和知识，进而自主做出决策和预测未来事件。在诸多领域，机器学习展现出其关键应用：在图像识别领域，包括人脸识别、OCR（光学字符识别）等；在语音识别领域，则包括同声传译等。特别是在金融、电子商务和保险等行业，机器学习被广泛应用于欺诈行为的识别。通过分析交易数据、检测异常模式，机器学习显著提升了欺诈检测的准确性和效率。此外，在投资、保险和项目管理中，机器学习能够分析大量风险因素，实现更为精准的风险评估和管理。在财务领域，机器学习利用历史数据和市场趋势预测股市走势、货币汇率变化和公司业绩等，为决策者提供宝贵的信息。机器学习可以构建智能决策支持系统，帮助管理者在复杂的决策情境中做出合理的选择，并基于数据和模型的分析提供决策建议。特别值得关注的是，机器学习在违规行为预测方面展现出巨大的潜力。通过对历史数据和相关因素进行深入分析，机器学习可以构建高效的预测模型，协助机构发现潜在的违规模式和风险指标，实时监测和预测，从而加强内部控制和风险管理，降低潜在风险。

随着全球金融市场的不断发展和复杂化，上市公司的违规风险日益凸显，为了确保市场的稳定与公平，我们从上市公司的各类公开报告中寻找违规规律的线索，建立机器学习违规行为预测模型，以更好地预测与监督市场风险。这不仅有助于政府更早地发现并处理潜在的金融风险和市场波动，维护国家的经济稳定性，还能更有效地分配资源，帮助企业应对潜在的挑战，促进经济增长和就业。违规行为预测能提升投资者信心，降低投资风险，保护其利益；减少经济波动对人们生活的不利影响，维护社会的稳定；推动上市公司更加注重可持续经营和社会责任，有利于社会的可持续发展；帮助公司了解市场和行业的变化，提前调整战略，减少经营风险；提高公司信用度，获得更多的融资渠道和更有利的条件，维护声誉，增强市场竞争力，并降低法律诉讼和罚款风险。

为了增强金融市场的透明度和信任度，维护投资者的权益和市场的健康发展，本研究采用了 Logistic 回归、K 近邻、支持向量机（SVM）、随机森林（Random Forest）等四种常见的机器学习模型进行训练与预测。通过比较这些模型的预测效果，尝试为监管机构和上市公司提供一种用于识别上市公司潜在的违规行为的更准确、更可靠的工具。

4.1 样本数据和指标的选择

本研究基于国泰安数据库中1994—2023年违规信息总表，整合各类相关属性信息，形成用于预测的数据集。由于违规数据与非违规数据的样本量相差较大，可能导致机器学习模型对非违规数据的学习不足，而无法有效地学习非违规数据样本的特征，因此本研究采用过度抽样进行模型训练，提高模型的预测性能。

在研究上市公司的风险预测与分析时，选择合适的样本数据和指标是至关重要的一步。本研究首先根据文献综述结论及前文画像特征，收集多属性的数据样本；在选择指标时，则综合考虑风险因素的多样性，以便构建有效的预测模型。本部分研究将重点分析上市公司风险预测中的样本数据和指标选择，以便更全面、更准确地评估公司的风险水平。

4.1.1 指标选择

根据文献综述的结论以及画像发现的特征，本研究选择了以下指标进行违规预测（见表4-1）。

表 4-1 基于机器学习的上市公司违规行为变量选择

指标大类	变量名称	变量含义
预测变量	是否违规	0表示当年度该公司未被披露违规；1表示当年度该公司被披露违规
公司基本特征	所处行业	根据《国民经济行业分类（GB/T 4754—2017）》对上市公司所属行业大类进行划分
	所处地区	上市公司经营所在省份
公司财务特征	流动比率	流动资产/流动负债
	资产负债率	负债合计/资产总计
	净资产收益率	税后净利润/股东权益的平均余额
	应收账款周转率	营业收入/应收账款期末余额
	净利润增长率	（净利润本年本期金额 – 净利润上年同期金额）/净利润上年同期金额
	每股净资产	税后净利润/普通股股数

续表

指标大类	变量名称	变量含义
公司治理特征	董事会独立性	独立董事占比，独立董事数量与董事规模之比
	董事会规模	董事会董事数量
	两职合一	董事长与总经理是否为同一个人；0=否；1=是
	控股股东性质	0=非国有企业；1=国有企业
	股权制衡度	第2~5大股东持股比例/第一大股东持股比例
	监事会规模	监事会监事数量
公司内部控制	是否披露内部控制评价报告	1=是；2=否
	是否出具内部控制评价报告结论	1=是；2=否
	内部控制是否有效	1=是；2=否
	内部控制是否存在缺陷	1=是；2=否
公司的会计师事务所	会计师事务所名称	上市公司在该年度所聘用的会计师事务所名称
	是否为四大会计师事务所	1=是；2=否

（1）预测变量

上市公司是否违规为预测变量，其包括未违规（0）和违规（1）两种状态。比起影响审计效率的误拒风险，审计更为关注误受风险，因此建模更应考虑对违规（1）状态预测的召回率。

（2）公司基本特征类变量

公司基本特征类变量是公司研究中的关键指标之一，它们反映了公司的整体背景和特点，这些特点在各种研究和分析中都具有重要意义。例如，公司所处地区可能与市场接触和资源获取有关，公司所处行业则与市场环境和竞争条件相关等。在评估公司的绩效、风险和潜在问题时，这些变量也可能提供有价值的见解。

（3）公司财务特征类变量

财务指标是审计研究中最常使用的指标体系，结合上文的研究分析成果，我们选择将包括短期偿债能力、长期偿债能力、盈利能力、营运能力、发展能力、每股收益等具有代表性且在违规公司与非违规公司之间具有显著对比特征的指标纳入模型的分析研究中。其中，发展能力和盈利能力是经济发展背景下公司内部压力的重要代表性指标，受到了包括国家政策、行业发展趋势等外部环境和公司内部规划经营等内部因素的影响，是评价上市公司是否违规的重要依据。

（4）公司治理类特征变量

公司治理类特征变量涵盖了董事会治理、股东治理和内部监督三大类指标，为深入研究公司治理结构和实践提供了关键指标体系。这些变量包括董事会规模、独立董事比例、两职合一、控股股东性质、股权制衡度、监事会规模等多个方面，全面评估了公司治理的不同维度。通过分析这些指标，我们能够深入理解公司治理质量和有效性，为公司绩效和风险的评估提供有力支持，也有助于公司管理层和投资者更好地决策和规划。

（5）公司内部控制变量

在公司违规行为分析中，内部控制没有发挥应有的效用是导致公司违规的重要动因。内部控制相关指标包括公司是否披露内部控制评价报告、是否披露内部控制评价结论、内部控制是否有效、内部控制是否存在缺陷等。这些指标从公司对内部控制的自愿性披露和内部控制是否有效两个角度，对公司的内部控制进行评价。在整个研究框架中，公司内部控制变量与其他变量相辅相成，共同构成了公司内部治理，有助于深入研究公司的治理状况，从而更好地评价公司违规的潜在动机。

（6）公司的会计师事务所变量

会计师事务所是抑制上市公司违规行为的关键环节，是资本市场中重要的相关主体。在现有研究中，会计师事务所若为四大会计师事务所，通常代表了更高的审计质量、审计师专业性等，但是近几年上市公司违规伴随着四大会计师事务所的违规案例频繁发生，造成了较大的社会影响，因此会计师事务所在公司违规中扮演的角色更加值得关注和探讨。

4.1.2 数据收集与处理

数据预处理、清洗、转换和特征工程是进行数据分析和建模前的重要步骤。数据预处理旨在识别并处理缺失值、异常值和重复值等问题，以确保数据的质量和一致性。预测所用数据集是基于国泰安数据库中截至 2023 年 12 月 31 日的违规信息总表，遵循第 3 章对违规数据的处理原则，并将其与公司所在行业、所处地区、财务数据、公司治理数据、内部控制数据、会计师事务所等数据表按照同一年度、同一公司进行合并，得到上市公司特征指标数据量共 66 352 条数据。删除全部"所属行业"和"所在地"属性缺失的样本，对于其他缺失数据选择使用该属性均值进行数据填补。最终用于建立模型的数据量为 51 429 条数据。

在数据准备方面，本节实验所用的数据是根据上文分析所得各类对于上市公司风险预测有关属性进行提取整合，同时根据上文描述对缺失值数据进行处理，此外也对特征进行标准化或归一化，以确保它们在相同的尺度上。

4.2 机器学习模型的构建与评估

本章选择 Logistic 回归、K 近邻、支持向量机（SVM）和随机森林四个模型来预测上市公司的违法行为。每个模型都有其独特的特点和适用性，根据具体情况选择合适的模型可以提高预测的准确性和可解释性。

首先，Logistic 回归是一个经典的二分类模型，适用于概率分布的预测，同时易于解释结果。对于上市公司违规行为的预测，我们通常关注的是概率，即某家公司是否存在违规行为，而 Logistic 回归可以提供这种概率信息，并且能够考虑多种特征之间的关系，如财务指标、公司规模等。

其次，K 近邻是一个基于实例的模型，适用于非线性建模场景。如果上市公司违规行为的决定因素之间存在复杂的非线性关系，K 近邻可以捕捉这些关系，并根据最接近的数据点做出决策。这对于识别潜在的模式和异常情况非常有用。

再次，支持向量机（SVM）是一种强大的分类器，尤其适用于高维数据和线性不可分问题。本书中的上市公司的数据集具有大量特征或者需要处理非线性问题，SVM 通过使用核函数将数据映射到更高维的空间，可以有效地分离不同类别的数据点。

最后，随机森林是一个集成模型，它由多个决策树组成，能够处理我们本次预测中众多指标的复杂数据关系和高维数据。随机森林通常具有较高的准确性，能够捕捉不同特征之间的交互作用。

综合考虑，选择这四个模型是为了充分利用它们各自的优势，以提高对上市公司违规行为预测的准确性和鲁棒性。在实际应用中，可以通过交叉验证等方法评估这些模型的效果，选择最合适的数据和问题背景。另外，采用模型融合的方法，将多个模型的预测结果结合起来，可以进一步提高预测的可靠性。

4.2.1 Logistic 回归模型

（1）Logistic 回归模型简介

Logistic 回归是一种经典的监督学习算法，广泛用于分类问题。其核心原理基于建立一个逻辑函数，将输入特征的线性组合映射到 0 到 1 之间的概率值，以估计某一事件发生的概率。尽管名字中包含"回归"，但 Logistic 回归实际上是一种分类算法，最适合解决本次实验中的二分类问题。其可解释性强、计算成本低、适用于上市公司的高维数据等特点，使它能够很好地预测上市公司违规行为。虽然对于复杂的非线性问题，可能需要考虑其他更复杂的模型，但 Logistic 回归模型在许多情况下仍然是一个可靠的选择。

Logistic 回归模型在上市公司风险分析中可以发挥重要作用。其基本原理是利用财务和市场指标等特征，以及历史数据，预测公司是否面临财务风险或破产风险。通过 Logistic 回归，可以将这一问题转化为一个二分类任务，以帮助投资者、金融机构和分析师更好地评估投资风险。Logistic 回归具有可解释性强、计算成本低和适用性广泛等优点，使其成为风险分析的有力工具。然而，它也有一些限制，如对线性假设的依赖和对特征工程的敏感性。因此，在实际应用中，需要综合考虑问题的复杂性，可能需要结合其他机器学习方法，以取得更准确的风险预测结果。

（2）Logistic 回归模型的建立

在构建预测模型之前，首要任务是对原始数据集实施严谨的数据清洗与预处理流程，以确保数据质量并提升模型性能。此过程涵盖以下几个关键步骤：

① 数据清洗。通过剔除与预测目标不直接相关的特征项，如企业唯一编码、企业简称、所属行业名称及审计事务所标识等，以减少数据冗余并聚焦核心预测因子。

② 缺失值处理。针对数据集中存在的缺失值问题，采用众数填充策略（most_frequent），该方法基于统计学原理，旨在通过数据集中出现频率最高的值来填补缺失，从而维持数据的完整性与代表性。

③ 类别特征编码。针对类别型变量，如行业分类代码、企业所在省份、是否公开内部控制评价报告等，利用 LabelEncoder 进行数值化转换，这一过程是模型训练前不可或缺的步骤，因为它将非数值型特征转换为模型可识别的数值形式，便于后续处理与分析。

④ 数据归一化。针对数值型特征可能存在的量纲差异，采用标准化方法处理数值型特征，使其均值为 0、方差为 1，确保各特征在模型中具有相等的权重贡献。

经过上述一系列精心设计的预处理步骤后，获得了一组既干净又标准化的数据集，这为后续预测模型的训练奠定了坚实的数据基础。

在此基础上，选定 Logistic 回归模型作为本次预测任务的核心算法。模型训练流程具体包括：

① 数据划分。采用 80% 的数据作为训练集，用于模型的参数学习与拟合；剩余 20% 作为测试集，用于评估模型的泛化能力与预测性能。

② 模型训练。利用训练集数据训练 Logistic 回归模型，同时设置最大迭代次数为 1 000，以确保模型在训练过程中能够充分收敛，达到稳定的预测性能。

③ 模型评估：最终，在测试集上执行预测操作，生成预测结果及相应的预测概率，以此为依据对模型的预测能力进行全面评估。

（3）Logistic 回归模型的结果

本节通过准确率（Accuracy）、精确率（Precision）、召回率（Recall）、F1 分数（F1 Score）以及 ROC 曲线下面积（ROC AUC）五个评估指标验证 Logistic 回归模型的效果，其结果如表 4-2 所示。

表 4-2　Logistic 回归模型评估指标表

模型名称	准确率	精确率	召回率	F1 分数
Logistic 回归模型	0.822 9	0.698 7	0.068 3	0.124 4

其 ROC 曲线图如图 4-1 所示。

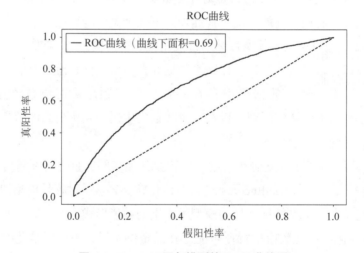

图 4-1　Logistic 回归模型的 ROC 曲线图

从上述结果可以看出，模型在预测违规行为时具有较高的准确率和精确率，但召回率较低。这表明模型在识别违规行为时存在一定的漏报情况，可能是由于数据集中违规样本较少所致。

（4）Logistic 回归模型特征重要性分析

在机器学习研究中，特征重要性分析对于揭示导致上市公司违规行为的关键因素以及支持监管和决策制定具有至关重要的作用。特征重要性分析是一种用于评估不同特征或变量对预测结果的影响程度的方法，有助于我们深入了解模型是如何利用输入特征来做出预测决策的，以及哪些因素在这个过程中发挥了更重要的作用。这种分析在以下方面具有重要意义。① 模型解释性：它帮助我们理解机器学习模型的工作方式，使我们能够解释为什么模型会做出特定的预测。这对于揭示监管政策和公司管理决策背后的逻辑至关重要。② 特征筛选：通过确定哪些特征对于违规行为的预测最为关键，特征重要性分析有助于我们进行特征筛选，从而提高模型的效率和泛化性能。③ 模型优化：了解哪些特征对模型性能具有显著影响，可以指导模型的参数调优和改进，以提高预测的准确性。

在 Logistic 回归模型等机器学习模型中，通常没有直接的特征重要性分数。相反，我们更常使用相关性分析来评估特征的重要性。这意味着我们分析每个特征与目标变量（公司是否违规）之间的相关性，以确定哪些特征在预测上市公司违规行为时具有更大的相关性。

总之，特征重要性分析在机器学习中扮演着重要角色，它有助于理解模型、提高预测性能，并支持监管和管理决策的制定。在某些模型（如支持向量机）中，我们通常使用相关性分析来评估特征的重要性。

图 4-2 通过柱状图进行可视化展示，从图中可以清晰地看到各特征的重要性权重，其中，股权制衡度、内部控制是否有效和资产负债率对违规行为的影响最大。

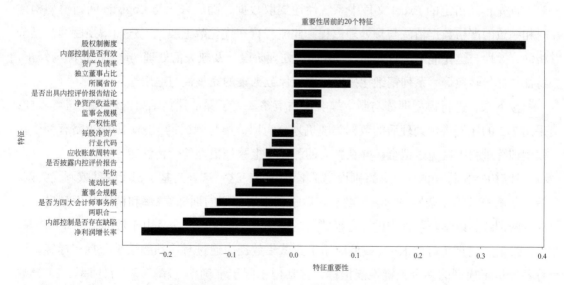

图 4-2　Logistic 回归模型特征重要性权重

4.2.2 K近邻模型

（1）K近邻模型简介

K近邻（K-Nearest Neighbors，KNN）是一种基于实例的监督学习算法，旨在解决分类和回归问题。KNN的核心思想是根据数据样本之间的相似性进行预测。具体而言，它寻找离待预测数据点最近的K个邻居，然后利用这些邻居的信息进行分类或回归预测。这一方法非常直观且易于理解，无须复杂的模型训练过程，因此在实践中广受欢迎。其特点主要包括：非参数性、简单有效、适用性广泛、鲁棒性、高维空间处理。然而，KNN也有一些需要注意的地方，如选择合适的K值、距离度量方法和处理大规模数据集等问题。在选择K值时，需要权衡模型的性能和泛化能力。尽管KNN是一种强大的算法，但对于大规模高维数据集，计算成本可能较高。综上所述，KNN是一种直观且强大的机器学习算法，适用于小规模数据集和需要快速建模的任务，但在不同情况下需要谨慎调整其参数。在上市公司风险分析中，KNN可以用于识别潜在的风险因素和公司之间的相似性。具体而言，KNN可以根据公司的财务指标、行业分类等因素，划分公司的风险类别，从而帮助投资者和决策者做出明智的投资和风险管理决策。

（2）K近邻模型的建立

首先，从指定的Excel文件中系统性地提取数据，随后采用与Logistic回归模型构建时相一致的严格数据清洗与预处理流程。此流程旨在优化数据质量，进而增强后续模型分析的有效性与泛化能力。具体而言，数据预处理阶段涉及缺失值处理、异常值检测与修正、特征选择与转换等一系列精细化操作，以确保数据集的完整性与适用性。

接下来，进行模型训练与制定综合评估策略。为了保证评估结果的客观性与可靠性，采用7:3的比例将预处理后的数据集随机划分为训练集与测试集。这一划分策略有助于在模型训练过程中避免过拟合，并在独立的测试集上验证模型的泛化性能。

针对KNN模型的建立，特别设定了K值为5，这一选择是基于初步的参数调优尝试，旨在平衡模型的复杂性与预测精度。随后，利用划分好的训练集数据对KNN模型进行了充分的训练，以学习数据中的潜在模式与规律。

最后，将训练好的KNN模型应用于测试集数据，通过对比预测结果与真实标签，计算并分析了模型的多个关键性能指标，包括但不限于准确率、精确率、召回率、F1分数以及ROC曲线下面积等评估指标。这些评估指标共同构成了对模型性能全面而深入的刻画，为模型优化与实际应用提供了全面的理论依据与数据支持。

(3) K 近邻模型的结果

本节通过准确率、精确率、召回率、F1 分数以及 ROC 曲线下面积五个评估指标来验证 K 近邻模型的效果，其结果如表 4-3 所示。

表 4-3 K 近邻模型评估指标表

模型名称	准确率	精确率	召回率	F1 分数
K 近邻模型	0.820 2	0.506 7	0.261 7	0.345 1

从上述结果可以看出，模型在准确率和 ROC 曲线下面积方面表现较好，但精确率和召回率相对较低，F1 分数也不高。这表明模型在识别违规行为时存在一定的不足，特别是在捕捉正类样本（即违规行为）方面。我们绘制了 ROC 曲线以进一步评估模型的分类能力，如图 4-3 所示。ROC 曲线的横轴为假阳性率（False Positive Rate），纵轴为真阳性率（True Positive Rate），曲线下面积（AUC）为 0.74，表明模型具有较强的区分正负样本的能力。

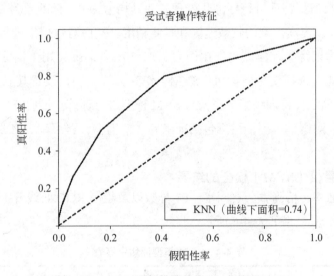

图 4-3 K 近邻模型的 ROC 曲线图

4.2.3 支持向量机（SVM）模型

(1) 支持向量机（SVM）模型简介

支持向量机（Support Vector Machine，SVM）是一种强大的监督学习算法，在机器学习领域占有重要地位。其核心原理是基于寻找一个最佳的超平面，将不同类别的数据样本尽可能地分开，并使两类样本中距离超平面最近的数据点之间的间隔最大化。SVM 以其独特的特点在解决分类和回归问题时表现出色。

SVM 的魅力在于它的多重优势。首先，SVM 在高维特征空间中表现出色，适用于处理复杂问题和高维数据。其次，通过最大化间隔和引入支持向量的概念，SVM 具有较好的泛化能力，可以有效避免过拟合问题。再次，借助核函数技术，SVM 能够处理非线性问题，将数据映射到高维空间并构建线性分类器，从而提高分类效果。最后，SVM 适用于小样本数据，因为它是通过支持向量进行决策的，因此在小样本问题上表现出色。

（2）支持向量机（SVM）模型的建立

在建立模型之前，首先对原始数据进行预处理。该步骤包括填补缺失值、将分类变量转换为数值变量以及标准化数值变量。具体步骤包括：① 填补缺失值：采用最频繁值填补策略填补数据集中缺失的数值。② 转换分类变量：利用 LabelEncoder 对所有的分类特征进行数值编码，使模型能够处理这些非数值型的数据。③ 标准化数值变量：使用 StandardScaler 对数值型特征进行标准化处理，使其均值为 0、标准差为 1，从而保证各特征在同一尺度上，以提高模型的收敛速度和预测精度。然后对数据集进行划分，将预处理后的数据集分割为训练集和测试集，比例为 70%∶30%。训练集用于训练模型，测试集用于评估模型的性能。选择支持向量机（SVM）作为分类模型，设置其 probability=True 以便后续计算 ROC 曲线。将训练集数据输入 SVM 模型进行训练。最后，对测试集进行预测，获取预测结果和预测概率。评估指标包括准确率、精确率、召回率、F1 分数以及 ROC 曲线下面积。

（3）支持向量机（SVM）模型的结果

本节通过准确率、精确率、召回率、F1 分数以及绘制 ROC 曲线五个评估指标来验证 SVM 模型的效果，其结果如表 4-4 所示。

表 4-4　SVM 模型评估指标表

模型名称	准确率	精确率	召回率	F1 分数
SVM 模型	0.830 6	0.710 1	0.108 7	0.188 6

SVM 模型的 ROC 曲线图如图 4-4 所示。

支持向量机在准确率和精确率方面表现出色，但其召回率依然较低。尽管 F1 分数比逻辑回归有所提高，但仍不足以表明模型在检测正类时具有较强的能力。

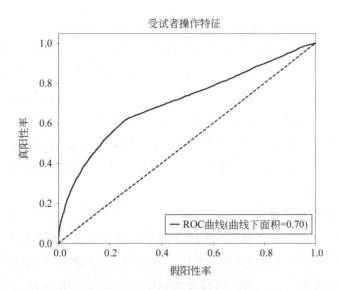

图 4-4　SVM 模型的 ROC 曲线图

4.2.4　随机森林模型

（1）随机森林模型简介

随机森林是一种卓越的集成学习算法，广泛用于解决分类和回归问题。它的原理基于构建多棵决策树，并综合它们的预测结果以提高模型的性能和鲁棒性。随机森林具有以下关键特点：

第一，随机森林会构建多棵决策树，每棵树都基于不同的随机样本子集和特征子集进行训练。这种随机性有助于减少过拟合，提高模型的泛化能力。此外，每棵树都是基于不同的随机性建立的，因此它们彼此之间具有独立性，有助于降低模型的方差。

第二，随机森林在决策树的基础上引入了"随机性"，这意味着每个节点上特征的选择都是随机的，而不是依据传统决策树中的最佳特征选择的。这样的随机性有助于防止模型过度拟合训练数据，使模型更具鲁棒性。

第三，随机森林在构建每棵决策树时使用了"袋装法"（Bootstrap Aggregating）来选择不同的样本子集，从而增加了训练数据的多样性。这使模型能够更好地捕捉数据的分布与特征之间的关系。

总之，随机森林是一种基于集成学习原理的算法，可用于分类和回归问题，通过组合多棵决策树的预测结果，提供了一个强大而灵活的分类和回归解决方案，其优点包括高性能、鲁棒性和易于调优，适用于各种数据和问题类型。

随机森林在上市公司风险分析中发挥着重要作用。其可通过结合多棵决策树的预测结果，有效地提高预测的准确性和稳定性，特别适用于处理复杂多变的金融数据。随机森林的优点包括对高维数据和大规模数据的适应性强、能够处理非线性关系、具备良好的泛化能力，以及对特征重要性的可解释性。然而，随机森林也有一些缺点，如模型可解释性相对较差、对于稀有事件的识别可能较弱，以及对于高度不平衡的数据集需要额外的处理。尽管如此，随机森林作为一种强大的工具，为分析上市公司风险提供了可靠的预测模型，有助于提高决策的可信度。

（2）随机森林模型的建立

初始阶段，针对原始数据集执行了详尽的预处理流程，旨在剔除冗余信息并优化数据结构。具体而言，识别并剔除了数据集中与分析目标不直接相关的列，如非必要的编码标识符、企业简称及年份标签等，以减少数据噪声并提高分析效率。随后，依据变量性质将数据划分为特征集（X）与目标变量（Y），其中 Y 以二元形式（1 代表违规行为存在，0 代表违规行为不存在）明确标识了公司的合规状态。

针对数值型变量与分类变量的不同特性，分别设计定制化的预处理管道。对于数值型变量，采用 Simple Imputer 策略以合理填补缺失值，随后运用 Standard Scaler 技术实施标准化处理，确保各变量在同一尺度上可比，减少量纲差异对模型性能的影响。对于分类变量，同样利用 Simple Imputer 处理缺失值后，采用 One-Hot-Encoder 方法进行独热编码[①] 转换，以将类别数据转化为模型可识别的数值形式，同时保留类别的完整性。

为同步执行上述两类变量的预处理操作，引入 Column Transformer 作为列级转换器，该工具能够灵活地集成不同的预处理策略，并针对数据集中的每一列应用相应的转换规则，从而实现了数值变量与分类变量处理的并行化与自动化。

在模型构建环节，选择随机森林分类器（Random Forest Classifier）作为预测模型，该模型基于集成学习原理，通过构建并组合多个决策树来增强预测的准确性和鲁棒性。为了确保数据预处理与模型训练流程的无缝衔接，采用 Pipeline 机制，该机制能够将数据预处理步骤与模型训练步骤串联起来，形成一个端到端的解决方案，确保数据处理的连贯性与模型训练的准确性。

在进行模型训练之前，遵循统计学原理，将数据集按 70% 与 30% 的比例划分为训练

---

① 独热编码（One-Hot Encoding）是一种将离散变量转换为多维向量的方法，主要用于机器学习和深度学习中，以便算法能够处理这些离散变量。

集与测试集,以确保模型的泛化能力。随后,利用训练集数据对随机森林模型进行训练,使模型能够学习数据中的潜在规律与模式。

模型训练完成后,采用多项评估指标对模型性能进行了全面考量,包括准确率、精确率、召回率、F1 分数以及 ROC 曲线下面积。这些指标从不同维度反映了模型的预测能力与稳健性,为模型的优化与选择提供了科学依据。

(3)随机森林模型的结果

本节通过准确率、精确率、召回率、F1 分数以及绘制 ROC 曲线五个评估指标来验证随机森林模型的效果,其结果如表 4-5 所示。

表 4-5 随机森林模型评估指标表

模型名称	准确率	精确率	召回率	F1 分数
随机森林模型	0.831 3	0.629 7	0.165 6	0.262 3

随机森林模型的 ROC 曲线图如图 4-5 所示。

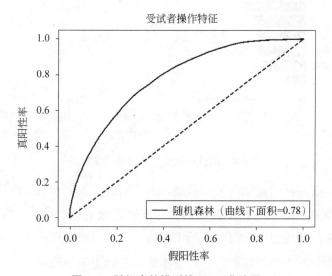

图 4-5 随机森林模型的 ROC 曲线图

从评估结果可以看出,模型在预测公司是否违规方面具有较高的准确率和 ROC AUC 值,但召回率较低,这表明模型在识别违规行为时存在一定的漏报现象。

(4)随机森林模型特征重要性分析

随机森林模型是一种基于集成学习的方法,它通过构建多棵决策树进行预测,每棵树都基于不同的数据子集和特征子集。特征在随机森林中的重要性通常是通过考察特征在所有决策树中的分裂贡献来衡量的。一般来说，当一个特征在多棵树的分裂中都发挥了关键作用时，它的重要性较高。这意味着，特征在随机森林中的贡献越一致，其重要性就越高。

如图 4-6 所示，净资产收益率、每股净资产和应收账款周转率三个指标对上市公司违规行为预测影响最大，均超过了 0.1。

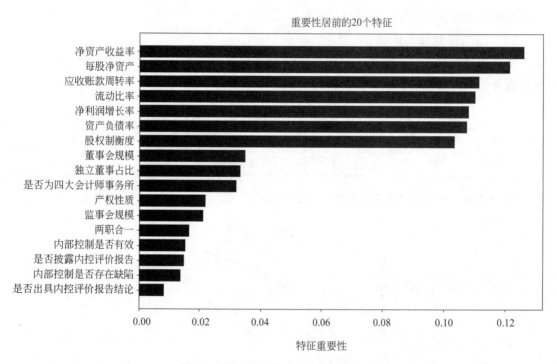

图 4-6　随机森林模型特征重要性权重

为了进一步分析特征值范围与公司违规行为之间的关系，我们对净资产收益率、每股净资产和应收账款周转率三个特征的均值和标准差进行了分组统计，结果如表 4-6 所示。对于净资产收益率，违规组的均值明显低于非违规组，表明净资产收益率较低的公司更有可能存在违规行为。对于每股净资产，违规组的均值低于非违规组，表明每股净资产较低的公司更有可能存在违规行为。对于应收账款周转率，违规组的均值低于非违规组，表明应收账款周转率较低的公司更有可能存在违规行为。

表 4-6　违规公司与非违规公司财务特征均值与标准差对比表

是否违规	特　　征	均　　值	标　准　差
0	净资产收益率	0.102 6	0.150 7

续表

是否违规	特 征	均 值	标 准 差
1	净资产收益率	0.007 7	0.219 5
0	每股净资产	5.760 5	4.358 8
1	每股净资产	4.333 2	3.545 0
0	应收账款周转率	31.540 1	107.731 6
1	应收账款周转率	26.697 1	101.220 5

通过建立随机森林模型，成功地识别出哪些特征对预测公司违规行为最为重要，并通过详细的统计分析和可视化手段，确定了这些特征值的具体范围对违规行为的影响。尽管模型在预测准确率和 ROC AUC 值方面表现良好，但在召回率上仍有提升空间，未来可以考虑采用更复杂的模型或其他方法来进一步提高模型的召回率。

4.3 研究结论与分析

本部分根据财务指标、公司治理等属性特征，分别构建了四个分类模型——Logistic 回归模型、K 近邻模型、支持向量机（SVM）模型和随机森林模型，用于预测上市公司是否存在违规行为，并通过交叉验证来评估这些模型的性能。

4.3.1 模型评价

为了精准地选择最优模型以预测上市公司违规行为，本研究遵循了机器学习的规范化评估范式，具体采用了一系列精确度量标准，包括准确率、精确率、召回率、F1 分数及 ROC 曲线下面积，以全面而系统地对比四个候选模型的效能，如表 4-7 所示。准确率反映模型整体的正确预测能力，但在类别不平衡的数据中可能会误导，因为高频类的预测正确率会掩盖低频类的表现。精确率反映模型对正类预测的准确性，精确率高意味着假正类较少，特别适用于假正类代价较高的情况。召回率反映模型对正类样本的覆盖能力，召回率高意味着假负类少，适用于假负类代价较高的情况。F1 分数综合考虑精确率和召回率的平衡，F1 分数高意味着模型在精确率和召回率之间取得了较好的平衡，适用于需要权衡这两者的情况。ROC AUC 值在 0.5 和 1 之间，该值越高，模型区分正负类的能力越强，0.5 表示模型没有辨别能力，1 表示完美分类。这些指标可以从不同角度评估模型的性能，帮助选出最适合特定任务的模型。

表 4-7　预测上市公司违规行为的模型性能对比表

模型名称	准确率	精确率	召回率	F1 分数	ROC AUC
Logistic 回归模型	0.822 9	0.698 7	0.068 3	0.124 4	0.693 9
K 近邻模型	0.820 2	0.506 7	0.261 7	0.345 1	0.741 0
SVM 模型	0.830 6	0.710 1	0.108 7	0.188 6	0.704 7
随机森林模型	0.831 3	0.629 7	0.165 6	0.262 3	0.782 7

综合来看，随机森林模型在各项评估指标上表现相对均衡且优异，尤其在 ROC AUC 方面表现突出，表明其在整体分类性能上优于其他模型。尽管逻辑回归和支持向量机在精确率上表现较好，但在召回率和 F1 分数上存在明显不足。K 近邻模型在处理类别不平衡问题上有所改善，但其整体表现仍不如随机森林模型。因此，在实际应用中优先考虑使用随机森林模型，以获得更为可靠的分类结果。

4.3.2　结论

通过对上市公司违规行为进行预测的实验，本研究得出以下主要结论：

（1）机器学习模型的应用与性能。本研究采用了不同的机器学习模型，包括 Logistic 回归、K 近邻、支持向量机（SVM）和随机森林，来预测上市公司的违规行为。这些模型在不同方面表现出色，但总体而言，它们都具有较高的准确性和可靠性。这意味着我们可以依靠这些模型进行有效的违规行为预测，并采取适当的措施来应对潜在的风险。

（2）重要特征识别。研究发现，某些特征对于预测上市公司的违规行为具有重要性。特别是，我们注意到净资产收益率、每股净资产、应收账款周转率等财务指标对公司的影响较大。这些特征可能反映了历史记录中的潜在问题、管理效率、风险控制体系以及监管关注度等因素。因此，监管机构可以根据这些特征更精确地识别和监管潜在的违规行为。

然而，我们也要承认实验存在一些局限性。数据的可得性和质量可能会对模型的性能产生影响，因此未来可以进一步考虑引入更多的数据源和优化特征。此外，机器学习模型的解释性仍然是一个挑战，需要与专业人员密切配合才能更好地理解模型的预测结果。我们鼓励未来的研究者继续努力，进一步完善模型，扩展特征选择和算法的广度，以提高预测的准确性和鲁棒性。通过机器学习技术与行业实践的结合，我们有信心为上市公司违规行为的监测和管理提供更全面、更智能的支持，促进行业的健康发展。

CHAPTER 5
第 5 章　会计师事务所违规行为画像

作为上市公司重要的相关主体之一,会计师事务所承担着保证上市公司信息质量的任务。上市公司首次公开发行审计、每年定期审计以及并购重组和再融资审计等,都需要会计师事务所参与财务信息鉴定。因此,在资本市场监督体系中,注册会计师及会计师事务所被誉为资本市场的"看门人",由会计师事务所主导的真实、准确的审计程序是保障证券市场交易的至关重要的环节之一。随着资本市场的不断发展,对高质量审计的需要也逐步提升。

2020年8月24日起,会计师事务所从事证券服务业务开始实行备案管理,备案制对会计师事务所从事证券服务业务准入资格的要求有所降低,从事证券业务的会计师事务所的数量大幅增长,给市场增加活力的同时,也混杂进了一些胜任力不够的机构。备案从事证券服务业务的会计师事务所的违法违规行为扰乱了市场经济的正常秩序。因此,对会计师事务所和注册会计师违规行为进行画像,有助于提高监管效率。

本章通过可视化平台 PowerBI 进行画像分析。

5.1　会计师事务所行业画像

会计师事务所是依法独立承担注册会计师业务的中介服务机构,是由有一定会计专业水平、经考核取得证书的会计师组成的、受当事人委托承办有关审计、会计、咨询、税务等方面业务的组织。会计师事务所从事的业务类型包括会计服务、审计服务、税务服务、法律咨询、人力咨询、管理咨询、财务顾问、资产评估、工程造价等。有证券业务资格的会计师事务所可以审计上市公司。随着上市公司数量逐年增多,从事上市公司审计的会计师事务所的范围也逐渐扩大。

本书将主要对2019—2023年参加上市公司审计的会计师事务所的基本现状进行画像。根据国泰安数据库和中注协网站,手工搜集2019—2022年会计师事务所前百强单位、2019—2023年会计师事务所注册的会计人员结构情况表等信息,通过对注册会计师的年龄、学历、执证情况以及会计师事务所业务收入等多个维度进行可视化分析,揭示行业发展的整体态势。

对数据进行以下处理：第一，针对会计师事务所前百强单位表，由于2023年度排名尚未发布，因此只保留了2019—2022年度的排名。第二，针对会计人员结构情况表，由于原表格中"结构分类"项、"统计范围编码"项仅用数字划分范围，不便于画像，所以必须对其进行拆分。原数据中"结构分类"项包括年龄结构与学历结构，"统计范围编码"项则对具体的年龄结构、学历结构进行定义，故删除"结构分类"项与"统计范围编码"项，添加"大于70岁人数""小于或等于70岁且大于60岁人数""小于或等于60岁且大于40岁人数""小于或等于40岁人数""博士研究生人数""硕士研究生人数""本科人数""大专及以下人数"等项。

5.1.1 会计师事务所的规模

（1）员工数量

图5-1是利用国泰安数据库中的会计师事务所中注册人员结构情况表绘制的。数据涉及2019—2023年共计72家有证券业务资格的会计师事务所相关信息总计2 528条。从图5-1中可以看出，会计师事务所的总人数总体来说2019年雇佣人数最多，2020年雇佣人数最少，2021年之后人数稳步增长。其中的原因可能是2019年年底新冠疫情的暴发使会计师事务所为了维持正常经营进行了大规模裁员，而疫情后行业发展呈现健康、向好趋势，会计师事务所雇佣人数也呈增长趋势，以迎合行业发展需求。

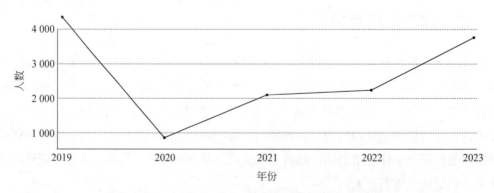

图5-1 2019—2023年会计师事务所总人数变化趋势

图5-2筛选了近五年雇佣员工且雇佣人数排名前20的会计师事务所。

从图5-2可以看出，2019年和2023年，各大会计师事务所的雇佣人数普遍达到高峰，其中，天健会计师事务所在每个年度的雇佣人数都位居首位。

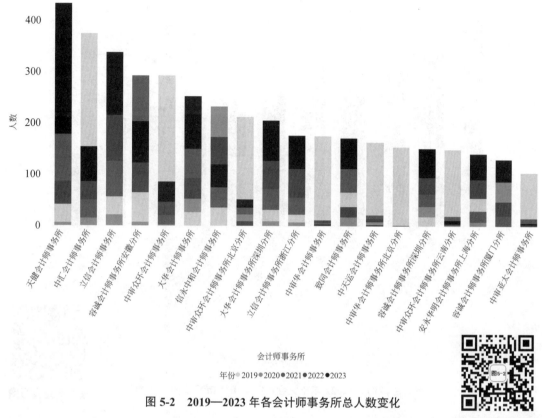

图 5-2　2019—2023 年各会计师事务所总人数变化

请扫码查看彩图

（2）市场份额

图 5-3 展示了 2019—2022 年排名前十的会计师事务所占市场份额比例的趋势。为了衡量会计师事务所的市场份额占比，利用国泰安数据库中的中国百强会计师事务所排名表，筛选出 2019—2022 年排名前十的会计师事务所，以"业务收入"指标衡量这十家会计师事务所在整个市场中的份额占比。通常收入越高，市场份额越大。

如图 5-3 所示，近几年市场份额占比前五位的会计师事务所没有太大变化，分别是普华永道、安永华明、立信、德勤华永、天健。这些会计师事务所长期占据市场前列，表明会计师事务所行业的集中度较高。另外，大型会计师事务所有着强大的客户基础、品牌认知度和行业影响力，难以被新兴或中小型会计师事务所轻易撼动。虽然近些年本土会计师事务所得到迅速发展，但是与四大所相比，仍然存在一定差距。

（3）排名情况

为综合反映与科学评价会计师事务所的发展水平，中国注册会计师协会根据《中华人民共和国注册会计师法》与《中国注册会计师协会章程》，制定了《会计师事务所综合评价排

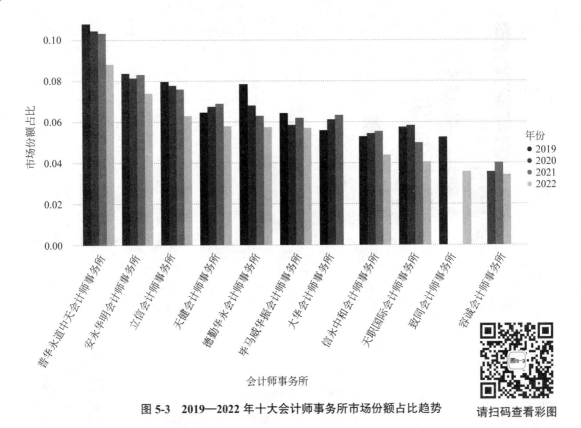

图 5-3 2019—2022 年十大会计师事务所市场份额占比趋势

名办法》[①], 其中规定:第一, 事务所综合评价百家排名每年开展一次。第二, 事务所综合评价采取指标测评方式开展, 评价指标由基础指标和附加指标构成。基础指标为综合评价的主体指标, 从收入、内部治理、资源、处理处罚四个方面反映事务所状况, 共包括 10 个具体指标; 附加指标是指反映事务所最新发展要求或最新工作部署落实情况的指标, 根据实际工作需要设计, 具体在年度综合评价工作通知中予以明确。第三, 根据各项指标对事务所进行打分, 最后依据基础指标得分和附加指标得分的总和计算得出每年度事务所排名。

表 5-1 反映了 2019—2022 年会计师事务所的排名情况。首先, 四大会计师事务所（普华永道、安永、德勤和毕马威）依然占据着前四位, 这一现象反映了四大会计师事务所在中国市场上的稳定地位和良好口碑, 也为其他会计师事务所树立了榜样。其次, 内资所方面, 天健和立信稳居五、六名; 容诚于 2022 年跃升至第七名; 大华于 2022 年跌出排名。

---

① 中国注册会计师协会（中注协）每年发布《会计师事务所综合评价排名办法》, 该办法规定事务所综合评价和前百家排名每年开展一次, 一般在每年 6 月底前公布前百家排名信息。

表 5-1　2019—2022 年会计师事务所排名表

会计师事务所名称	2019 年排名	2020 年排名	2021 年排名	2022 年排名
普华永道中天会计师事务所	1	1	1	1
安永华明会计师事务所	2	2	2	2
德勤华永会计师事务所	3	3	4	4
毕马威华振会计师事务所	4	4	3	3
天健会计师事务所	5	5	5	6
立信会计师事务所	6	6	6	5
信永中和会计师事务所	7	7	10	8
致同会计师事务所	8	—	—	9
天职国际会计师事务所	9	9	9	10
大华会计师事务所	10	8	7	—
容诚会计师事务所	—	10	8	7

如表 5-1 所示，四大会计师事务所（普华永道、安永、德勤和毕马威）在中国市场上保持着稳定的主导地位，反映出其在专业能力和客户信任方面的优势；同时，天健和立信等内资事务所稳居前列，表明本土事务所的竞争力正在提升。

5.1.2　会计师事务所从业者的个体特征

本小节利用国泰安中国上市公司审计研究数据库中 AR_CPAINFO（中国注册会计师个人情况表）中提取的 PersonID（人员 ID）、Gender（性别）、AccountingFirmID（所在事务所 ID）、AccountingFirm（截至统计时间该人员所在事务所）、Position（在该事务所担任的职务）、Degree（学历）、GraduationSchool（最高学历毕业学校）、Major（最高学历对应的专业）、EntitledWay（资格取得方式）、EntitledTime（注会资格取得时间）等字段对 2019—2022 年各会计师事务所的从业人员个人信息进行分析。经过手动删除部分人员的重复信息后共得到 13 303 条记录。

（1）学历分布

如图 5-4 所示，上海财经大学、中南财经政法大学、东北财经大学、江西财经大学、西南财经大学、中国人民大学、河北经贸大学、厦门大学、山东经济学院、南京财经大学的录用率排在前十位。国内财经类院校为会计师事务所输送了大批从业人员，同时说明会计师事务所也是财会类毕业生所选择的主要就业方向。

从图 5-5 左侧图可以看出会计师事务所雇员的男女比例大约为 6:4，结合两图可以看出男性合伙人人数是女性合伙人人数的两倍。而在其他岗位，男性与女性在人数上处于持平状态。

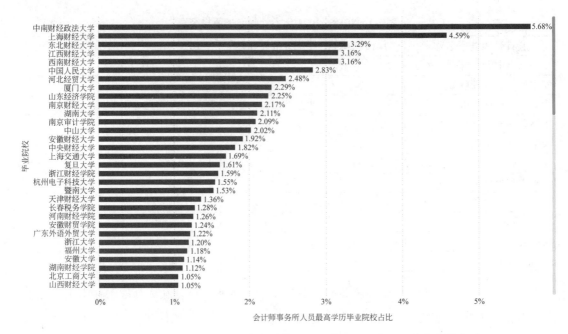

图 5-4　2019—2023 年会计师事务所部分人员最高学历毕业院校占比柱状图

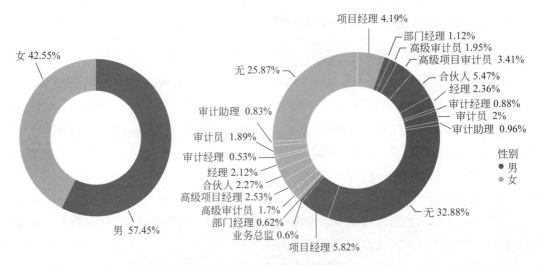

图 5-5　2019—2023 年会计师事务所男女人员职务占比

如图 5-6 所示，无论性别，本科学历人数占比最高，高达 67.71%，表明本科教育是进入该行业的主要学历门槛。大专学历的男女人数比例约为 2:1，显示男性大专学历员工比例显著高于女性。硕士学位的女性占比与男性接近，说明在学历层次上的性别比例趋于平衡，而博士学位的男性占比比女性高 0.15%，差距不大。

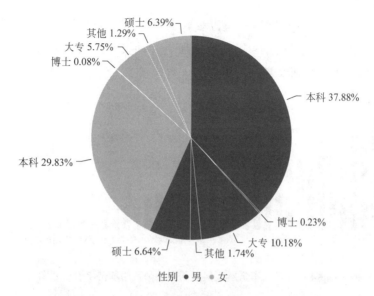

图 5-6　2019—2023 年会计师事务所男女人员学历占比

如图 5-7 所示,博士学位人员的占比近三年几乎没有改变,占比始终很小,而硕士学位以及本科学历占比近三年逐年小幅增加。通过这些信息,我们可以知道会计从业人员的专业素质越来越高;也可以知道近三年会计师事务所人员的学历结构较为稳定,本科学历占比最高,大专以下学历及硕士学位的人员占比相差不大,博士学位人员占比始终很小。

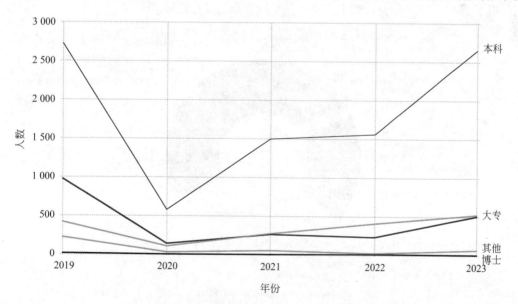

图 5-7　2019—2023 年会计师事务所人员学历类别人数折线图

如图 5-8 所示，根据现有数据资料，对截至 2023 年取得注册会计师资格人数的年份的不连续统计得出 2009 年与 2014 年获取注册会计师资格证的人员数量显著高于其他年份；而 1990 年之前取得注册会计师资格证的人数比较少。

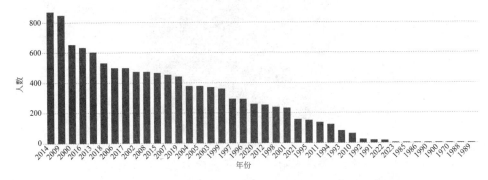

图 5-8　会计师事务所人员注册会计师资格取得年份柱状图

（2）年龄分布

图 5-9 和表 5-2 利用国泰安中国上市公司审计研究数据库中 AR_CPASTRUCTURE（会计师事务所注册会计师人员结构情况表）中 Year（数据更新年份）、Persons（人数）、ClassifyID（结构分类）、StatisticalScopeID（统计范围编码），以及 AccountingFirmName（事务所名称）得到的共 276 条数据分析了 2019—2023 年会计师事务所人员年龄分布的变化趋势。

请扫码查看彩图

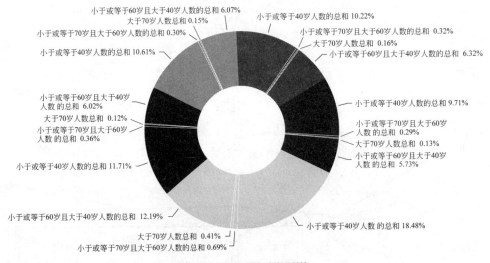

图 5-9　2019—2023 年会计师事务所人员年龄分布

结合图 5-9 和表 5-2 可以看出，近五年会计师事务所中年龄在 40 岁以下的员工人数始终占比最大，但总人数逐年下降，于 2023 年回升，且在 2019 年该年龄段占比是该年总人数的 50% 以上。

表 5-2　会计师事务所人员年龄分布表

数据更新年份	小于或等于 40 岁	小于或等于 60 岁且大于 40 岁	小于或等于 70 岁且大于 60 岁	大于 70 岁
2019	9 975	6 578	373	220
2020	5 728	3 276	164	81
2021	5 518	3 412	173	89
2022	5 239	3 092	155	69
2023	6 318	3 249	194	66

此外，年龄小于或等于 60 岁且大于 40 岁的人数在 2019 年占比比 2020—2023 年高，说明整体趋势是先显著下降后缓慢上升。总体来说，会计师事务所雇用人员时始终偏好较年轻的人群，因为这些人可塑性强，精力旺盛。

5.2　会计师事务所违规行为的分类及含义

5.2.1　会计师事务所违规行为的分类

会计师事务所违反相关的法律法规、监管规则等，都被认定为会计师事务所违规行为，包括事务所层面及其合伙人、注册会计师等人员违反法律法规所产生的行为后果。例如，在第二次修订的 2014 年 8 月 31 日施行的《中华人民共和国注册会计师法》以及 2020 年 3 月 1 日施行的新《证券法》的"法律责任"一章中，对会计师事务所、注册会计师在证券交易中违反相关规定所承担的处罚做了明确的规定。

本小节使用了从国泰安数据库下载的 2018—2022 年会计师事务所违规表。该表并没有对违规行为的类型进行定义，只是给出了会计师事务所受到处罚时的违规内容。由于处罚内容详细，很难迅速识别出事务所的违规行为类型，因此我们对违规表中的"违规行为"项的内容进行分析与简化，手动筛选出重复出现的违规类型，初步统计共有 26 种，分别为审计证据不充分、未保持应有的职业怀疑、不配合工作、风险应对措施执行不到位、复核程序执行不到位、会计处理不当、会计师问题、利用专家的工作不到位、披露不实、商誉减值测试不到位、审计报告不完善、审计程序执行不到位、审计底稿不完善、审计底稿未及时归档、审计独立性缺失、审计服务年限问题、审计计划问题、审计意见不恰当、违反企业会计准则、未充分评估和识别重大错报风险、未合理评价、未及时出具审计意见、虚假记载、业务承接程序执行不恰当、重要性水平确定不恰当、资质借用。

我们结合违规行为文本，并对文本进行分析，对上述 26 种行为进行归纳。第一，重要性水平确定不恰当、未充分评估和识别重大错报风险、风险应对措施执行不到位都属于风险评估中的必要环节，将其合并为未保持应有的职业怀疑。第二，将资质借用、审计服务年限问题归为业务承接程序执行不恰当。第三，将不配合工作改为未提供检查资料。第四，将复核程序执行不到位、利用专家的工作不到位、商誉减值测试不到位归纳为审计程序执行不到位。第五，将会计处理不当改为财务核算不规范。第六，将审计底稿不完善、审计底稿未及时归档统称为审计文档不规范。第七，将审计计划问题改为审计计划不完善。第八，将会计处理不当归纳为自身管理问题。第九，将审计独立性缺失改为审计独立性不足。第十，将违反企业会计准则、虚假记载、披露不实合并为审计报告不完善。第十一，将未及时出具审计意见归为审计意见不恰当。

综上，提炼出的违规类型为以下 13 种：未保持应有的职业怀疑、审计证据不充分、审计程序执行不到位、审计意见不恰当、审计文档不规范、内控评价不恰当、审计报告不完善、审计计划不完善、审计独立性不足、未提供检查资料、业务承接程序执行不恰当、注册会计师问题、自身管理问题。

5.2.2 会计师事务所违规行为的含义

本节将根据现有法律法规，对上述 13 种违规类型进行概述。

（1）未保持应有的职业怀疑

未保持应有的职业怀疑是指注册会计师在执行审计业务时对可能表明由于错误或舞弊导致错报的迹象未保持警觉，以及未对审计证据进行审慎评价。《中国注册会计师审计准则第 1101 号——财务报表审计的目标和一般原则》第十一条指出："在计划和实施审计工作时，注册会计师应当保持职业怀疑态度，充分考虑可能存在导致财务报表发生重大错报的情形。"

（2）审计证据不充分

审计证据是指注册会计师为了得出审计结论和形成审计意见而使用的信息，包括构成财务报表基础的会计记录所含有的信息和从其他来源获取的信息。注册会计师在得出审计结论和审计意见时未获取充分的审计证据，可能会形成不可靠的审计意见和结论。《中国注册会计师审计准则第 1301 号——审计证据》第九条指出："注册会计师的目标是，通过恰当的方式设计和实施审计程序，获取充分、适当的审计证据，以得出合理的结论，作为形成审计意见的基础。"

（3）审计程序执行不到位

审计程序是指注册会计师在审计工作中可能采用的，用以获取充分、适当的审计证据以发表恰当的审计意见的程序，可分为总体审计程序和具体审计程序。总体审计程序可以理解为审计工作的总体"大步骤"、审计工作的"总体流程"。首先，通过了解被审计单位及其环境、了解被审计单位的内部控制，来评估重大错报风险，这就是风险评估程序；其次，通过控制测试程序和实质性程序，来应对评估重大错报风险。具体审计程序是为了获取具体的审计证据而具体要做的事情，大致可以分为七类：①检查：注册会计师对记录和文件进行审查、对资产进行实物审查等。②观察：注册会计师查看相关人员正在从事的活动。比如，观察被审计单位人员执行存货盘点。③询问：注册会计师以书面或口头方式向相关人员获取信息并对答复进行评价。④函证：注册会计师直接从第三方获取书面答复作为审计证据的过程。比如，向银行询证存款账户余额、向供应商询证应付账款金额等。⑤重新计算：注册会计师重新计算相关数据以核对其准确性。⑥重新执行：注册会计师独立地重新执行被审计单位的相关内部控制程序。⑦分析程序：注册会计师通过分析不同数据之间的内在关系来评价被审计单位的财务信息。

（4）审计意见不恰当

审计意见不恰当是指注册会计师在完成审计工作后，对于鉴证对象是否符合鉴证标准而发表的意见不恰当。《中国注册会计师审计准则第1501号——对财务报表形成审计意见和出具审计报告》第十一条指出："注册会计师应当就财务报表是否在所有重大方面按照适用的财务报告编制基础的规定编制并实现公允反映形成审计意见。"

（5）审计文档不规范

审计文档不规范是指注册会计师未按照规定对制定的审计计划、实施的审计程序、获取的相关审计证据以及得出的审计结论作出规范且翔实的记录。《中国注册会计师审计准则第1131号——审计工作底稿》第八条指出："注册会计师的目标是，编制审计工作底稿以便：（一）提供充分、适当的记录，作为出具审计报告的基础；（二）提供证据，证明注册会计师已按照审计准则和相关法律法规的规定计划和执行了审计工作。"

（6）内控评价不恰当

内控评价不恰当是指会计师事务所未对内部控制的有效性进行全面评价，导致形成的评价结论以及出具的评价报告不恰当。

（7）审计报告不完善

审计报告是指注册会计师根据审计准则的规定，在执行审计工作的基础上，对财务报表发表审计意见的书面文件。审计报告不完善是指注册会计师未按照《中国注册会计师审计准则第 1501 号——对财务报表形成审计意见和出具审计报告》规定的要求形成完整翔实的审计报告。

（8）审计计划不完善

审计计划不完善是指注册会计师未能在具体执行审计程序之前编制出完善的工作计划或是未能按照制定好的审计计划执行工作。《中国注册会计师审计准则第 1201 号——计划审计工作》第七条指出："注册会计师应当制定总体审计策略，以确定审计工作的范围、时间安排和方向，并指导具体审计计划的制定。"

（9）审计独立性不足

审计独立性是审计人员对被审计单位保持精神上的独立和实质上的独立，是审计工作的基本原则之一。所谓精神上独立，是指审计人员在执行审计工作中，保持独立的姿态，从客观公正的立场出发，客观地收集审计证据并依照一定的标准和原则对审计证据进行评价。所谓实质上的独立性，是指审计人员具有独立的身份，与被审计单位之间不存在经济联系和有损于独立性的其他联系。

（10）未提供检查资料

未提供检查资料是指会计师事务所和注册会计师未向相关机构提供相应的检查材料或是未及时出具检查资料。《中华人民共和国审计法（2021 年修正）》第三十四条指出："审计机关有权要求被审计单位按照审计机关规定提供财务、会计资料以及与财政收支、财务收支有关的业务、管理等资料，包括电子数据和有关文档。被审计单位不得拒绝、拖延、谎报。"

（11）业务承接程序执行不恰当

业务承接程序执行不恰当是指存在允许其他会计师事务所借用资质承揽业务并出具报告的情形、未执行前后任会计师沟通程序等问题。

（12）注册会计师问题

注册会计师问题是指注册会计师未在审计报告上签字、未按照轮换年限为会计师事务所提供审计服务、没有参与现场审计工作等。

（13）自身管理问题

自身管理问题是指会计师事务所存在财务核算不规范、内控管理存在缺陷、部分费用支出未取得合法票据或后附票据金额不足等问题。

5.3　会计师事务所及会计师违规行为画像

本节将对会计师事务所及会计师的违规行为进行画像，通过可视化分析，将复杂的数据转化为易于理解的图表和图像，帮助监管机构和行业监管者更好地了解何时以及在何种情况下违规行为可能出现，这有助于提高行业的透明度，增加对潜在风险的认识。

5.3.1　数据收集与处理

本节将对2018—2023年会计师事务所及其注册会计师违规行为进行可视化分析，所用数据为国泰安数据库中的会计师事务所及会计师违规表。针对会计师事务所及注册会计师违规表，筛选出2018—2023年的数据作为分析对象，具体研究期间为2018年1月16日到2023年12月30日。

针对会计师事务所违规表具体内容，处理过程如下：

第一，从国泰安获取的违规表中，违规主体有会计师事务所及注册会计师两种，因此将其拆分为两张违规表，分别为会计师事务所违规表与注册会计师违规表。

第二，针对"违规年度"项，由于一个主体存在多年度的违规行为，为了便于之后画像时对其进行拆分，要保证每个主体对应的违规年度表项中只包含一个年份。

第三，针对"违规类型"项，对国泰安数据库中此表项进行修改，根据5.2节中关于会计师事务所及注册会计师分类的13种违规类型，并对应违规行为，对其进行重新分类。

第四，针对"处罚类型"项，原数据中对处罚类型的描述过于冗余，不便于分析，因此我们手动提取频率高的处罚类型作为分析的内容，同时由于原数据中一个主体的某一个处罚存在多种处罚类型，因此要对其进行拆分。

第五，添加了"业务量"这一表项，由2020—2021年两年内会计师事务所从事上市公司年报审计与非上市公司年报审计家数总和计算得来，数据来源于中国证监会发布的2020—2021年从事证券服务业务的会计师事务所资本市场执业基本信息。由于获取的数据有限，只能对上述数据进行分析。

第六，添加了"业务量违规比例"与"注会人数违规比例"两个表项。一为违规次数与业务量的比例，二为违规次数与注册会计师人数的比例。

除此之外，针对会计师违规表具体内容的处理，与会计师事务所违规表的处理一致，此处不再赘述。

5.3.2 会计师事务所违规行为画像

（1）违规类型

从数据中提取出来的主要违规类型有：未保持应有的职业怀疑、审计证据不充分、审计程序执行不到位、审计意见不恰当、审计文档不规范、内控评价不恰当、审计报告不完善、审计计划不完善、审计独立性不足、未提供检查资料、业务承接程序执行不恰当、注册会计师问题、自身管理问题，共13种违规类型。

如图5-10所示，从违规数据来看，多数会计师事务所的违规情况都是同时犯下多种违规行为。其中，审计程序执行不到位、审计证据不充分这两种违规行为比较常见。这可能是因为会计师事务所在面临时间压力、资源有限或利益冲突时，会简化审计流程，未能充分获取和验证审计证据，从而导致违规行为的发生。在剩余的违规类型中，未保持应有的职业怀疑、审计报告不完善等违规行为较为常见；而未提供检查资料、内控评价不恰当、审计计划不完善、注册会计师问题、审计独立性不足等情况较少发生。

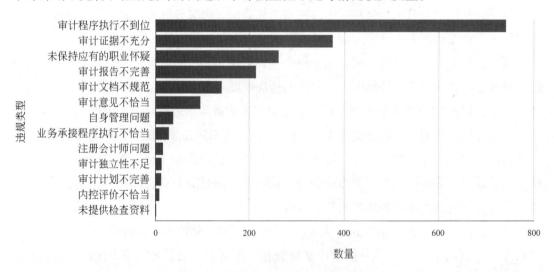

图 5-10 会计师事务所各违规类型的数量

（2）处罚类型

对会计师事务所进行处罚的主要机构包括财政部、地方财政部门、中国证监会和地方证券监管局等，根据《会计师事务所执业许可和监督管理办法》的相关规定，财政部负责全国范围内注册会计师行业的监督管理，地方财政部门负责本行政区域内注册会计师及会计师事务所的监督管理，并可对违反法律法规和行业规范的会计师事务所实施行政处罚，包括警告、罚款、没收违法所得、暂停执行业务、吊销执业证书等。中国证监会及地方证券监管局则负责监管资本市场中的会计师事务所，依据《中华人民共和国证券法》（2019年修订），对涉及证券市场违规行为的会计师事务所进行处罚，包括责令改正、警告、罚款、没收违法所得、证券市场禁入等。

从数据中提取出通报批评、警告、公开谴责、罚款、没收违法所得、吊销执业许可、出具警示函、出具监管函、监管谈话、监管警示、暂停执业，共11种处罚类型。

如图5-11所示，相关部门的处罚手段主要有出具警示函、警告等，而吊销执业许可等较为严重的处罚手段较为罕见，可能是因为较为温和的处罚如出具警示函、警告等能够有效震慑违规行为，同时可以保留市场的稳定性和专业服务的连续性，避免因过度严厉的处罚导致市场混乱和服务短缺。

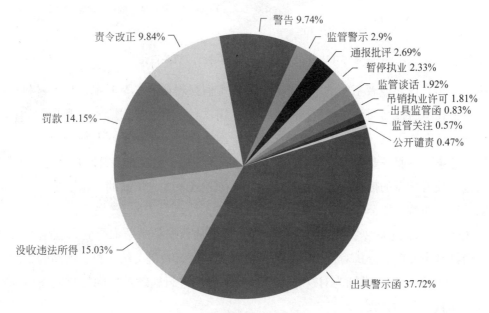

图5-11 会计师事务所处罚类型占比

从数据中筛选出吊销执业许可、暂停执业等严厉的处罚措施，深入分析开出这些严重处罚的行政机关。如图5-12所示，严厉处罚措施大多是由广西壮族自治区财政厅、北京市财政局等给出的，这反映了这些地区对审计规范的高度重视，表明这些监管机构在维护审计行业秩序方面可能非常严格，对违规行为采取了更为严厉的打击手段。

根据《会计师事务所执业许可和监督管理办法》第六十七条至第七十一条的规定，存在条款中所列行为的，给予会计师事务所罚款处罚，包括但不限于：为被审计单位编造或者

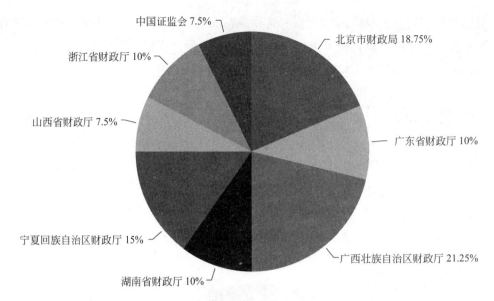

图 5-12 开出严厉处罚措施的行政机关占比

伪造事由，出具虚假或者不实的审计报告；提供虚假材料或者不及时报送相关材料；允许注册会计师在本所挂名而不在本所执行业务等。罚款具体金额依据情节是否严重而定。同时，根据《证券法》第一百八十条至第二百一十四条规定，存在条款中所列行为的，包括但不限于从事证券服务业务未报备案，泄露、隐匿、伪造、篡改或者毁损有关文件和资料，报送的报告或者披露的信息有虚假记载、误导性陈述或者重大遗漏的等，给予会计师事务所罚款处罚，罚款具体金额依据情节是否严重而定。

为了考察行政机关给予罚款的处罚频数，首先从数据集中选取受到罚款金额最高的前十家会计师事务所，分析对这十家事务所进行处罚的行政机关给予罚款处罚的数量。以图 5-13 进行画像分析，横轴为对这十家会计师事务所进行罚款处罚的行政机关名称，纵轴为发出罚款处罚的频数。

从图 5-13 中可以看出，受到罚款金额较高的会计师事务所大多是由中国证监会、中国证监会广东监管局、中国证监会浙江监管局处罚的，可能是因为中国证监会等在监管和执法方面力度较强，对会计师事务所的违规行为采取严格的处罚措施，以维护市场的健康和公平。

罚款金额和违规类型之间的关系反映了不同违规行为所受罚款处罚的严重性。通常罚款金额越高，意味着违规行为越严重。通过分析罚款金额最高的违规行为类型，可以帮助会计师事务所优化内部控制和合规管理，重点防范这些高风险行为，避免受到严重的经济处罚和声誉损失。

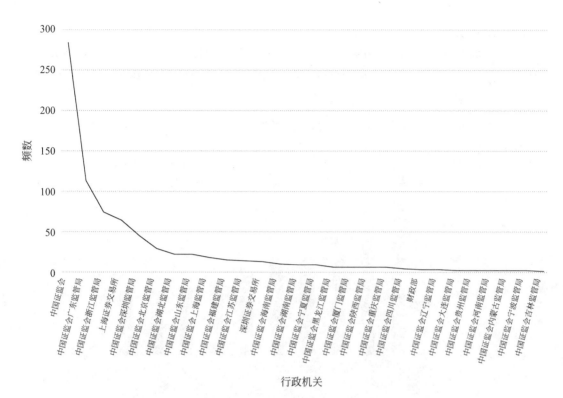

图 5-13　行政机关对部分会计师事务所开出罚款处罚的频数

如图 5-14 所示，处罚金额较高的违规行为一般是审计程序执行不到位、审计报告不完善、审计证据不充分，反映出事务所在审计报告编制、审计程序和审计证据获取方面存在缺陷，未能有效识别和应对审计过程中可能出现的风险，导致重大错误或遗漏。

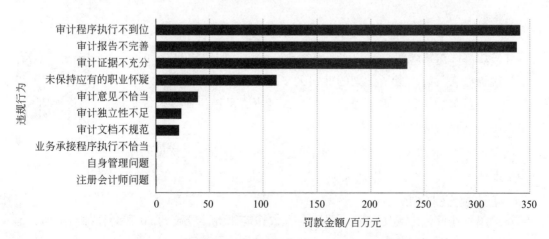

图 5-14　会计师事务所被处罚款金额排名前十的违规行为

(3) 违规次数

根据国泰安数据库统计的违规公告，在2018—2023年的研究期间，按照年度对每一个违规公告进行拆分后，得到每一家会计师事务所的违规次数，并对其进行统计分析。本节重点关注违规次数较高的几家会计师事务所。

如图5-15所示，立信会计师事务所违规次数最高，其次是大华会计师事务所、瑞华会计师事务所、天健会计师事务所等。

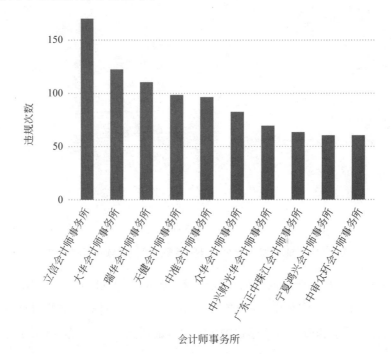

图5-15　2018—2023年会计师事务所违规次数

针对违规次数较高的十家会计师事务所，分析它们所受的处罚类型，可以看出这些会计师事务所受到的处罚大多是出具警示函、罚款、警告等程度略轻的处罚，程度重的处罚（如公开谴责、吊销执业许可等）非常少，如图5-16所示。

请扫码查看彩图

如图5-17所示，违规次数排名前十的会计师事务所中最常见的违规行为是审计程序执行不到位以及未保持应有的职业怀疑两种。

（4）违规比例分析

筛选出"业务量违规比例"与"注会人数违规比例"较高的20家会计师事务所，删

第5章 会计师事务所违规行为画像

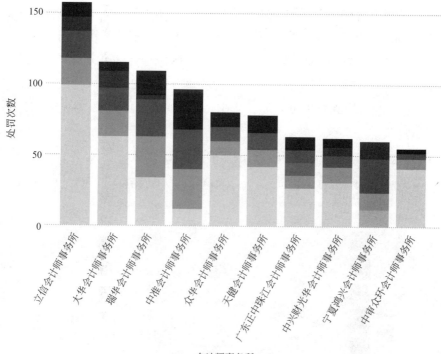

图 5-16 违规次数排名前十的会计师事务所所受处罚类型

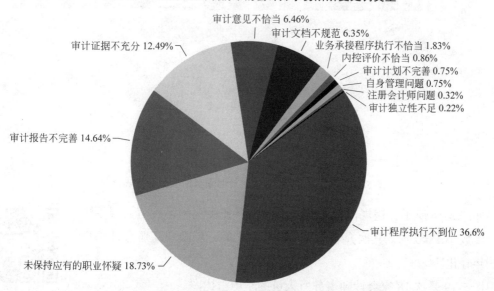

图 5-17 违规次数排名前十的会计师事务所所受处罚类型占比

除重复的事务所，共筛选出 18 家会计师事务所。针对这 18 家事务所进行分析，可以得出以下结论：这些事务所中，大多数位列全国百强排名的前 50 名，只有 3 家事务所未能进入前 100 名。同时，有两家事务所尽管近两年仅从事了一家非上市公司的年报审计，但违规率却位居前列。总体来看，这 18 家会计师事务所平均每年处理 468 家公司的年报审计。此外，这些事务所的证券收入均值约为 2.3 亿元，总收入均值为 7.89 亿元，从业人员平均为 3 172 名，注会人数平均为 472 人。

请扫码查看彩图

图 5-18 是这 18 家会计师事务所人员的年龄占比图。

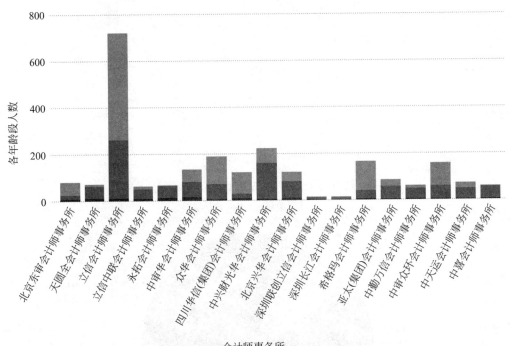

图 5-18 违规比例前 18 家会计师事务所人员年龄占比

如图 5-18 所示，违规比例较高的会计师事务所整体年龄结构偏年轻化，多数小于 40 岁，其次介于 40 岁和 60 岁之间，反映了注册会计师行业的年轻化。

图 5-19 是这 18 家会计师事务所人员的学历占比图。

请扫码查看彩图

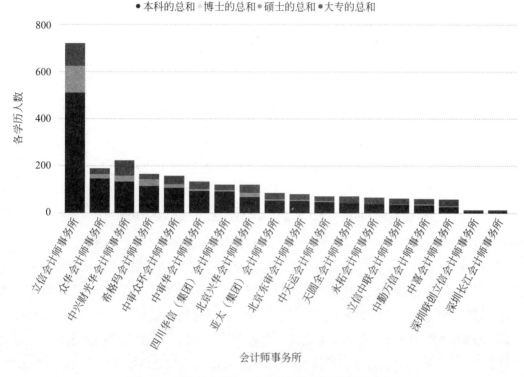

图 5-19　违规比例前 18 家会计师事务所人员学历占比

如图 5-19 所示，违规比例较高的会计师事务所人员整体学历多为本科与大专，硕士人数较少，博士人数更少。

除了这 18 家会计师事务所，从数据中可以看出有些事务所的违规频次较少，如和信会计师事务所、华兴会计师事务所、毕马威华振会计师事务所、德勤华永会计师事务所四家事务所近两年处理了超过 100 家公司的审计工作，无一次处罚记录。此外，容诚会计师事务所（特殊普通合伙）近两年共处理了 1 066 家公司的审计业务，违规事件只有 13 次。

（5）违规年份

2018—2023 年每一年的违规记录数量如图 5-20 所示。

如图 5-20 所示，违规记录的数量除了 2018—2020 年呈现增长趋势外，2020—2023 年开始显著减少，其原因可能是财政部 2019 年年底印发了《严重违法失信会计人员黑名单管理办法（征求意见稿）》（以下简称《办法》）。《办法》规定以下五类情形会被列入会计人员黑名单：提供虚假财务会计报告；伪造、变造会计凭证、会计账簿，编制虚假财务会

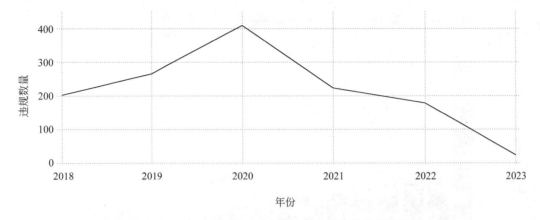

图 5-20　2018—2023 年会计师事务所违规记录数量折线图

计报告；隐匿或故意销毁依法应当保存的会计凭证、会计账簿、财务会计报告；授意、指使、强令会计机构、会计人员及其他人员伪造、变造会计凭证、会计账簿，编制虚假财务会计报告或者隐匿、故意销毁依法应当保存的会计凭证、会计账簿、财务会计报告；贪污，挪用公款，职务侵占等与会计职务有关的违法行为。因违法行为受到行政处罚，列入会计人员黑名单的有效期为 5 年；受到刑事处罚，列入会计人员黑名单的有效期为永久。根据新《会计法》，"因有提供虚假财务会计报告，做假账，隐匿或者故意销毁会计凭证、会计账簿、财务会计报告，贪污，挪用公款，职务侵占等与会计职务有关的违法行为被依法追究刑事责任的人员，不得再从事会计工作。会计师事务所在审计财务报告时，与会计人员以上行为相关性较高，在这样的背景下，发现会计师事务所违规行为的概率上升，从而表现出较高的违规记录。

　　如图 5-21 所示，2018—2023 年会计师事务所被处罚款金额总体呈先下降后上升又下降的趋势，2020—2022 年罚款总金额最多。2021 年，中国证监会加强资本市场"零容忍"制度建设，认真做好《关于依法从严打击证券违法活动的意见》贯彻落实工作，其中成立打击资本市场违法活动协调工作小组、建立最高人民检察院派驻证监会的工作机制等多项任务已经完成或取得重要进展，"零容忍"打击证券违法活动工作取得明显成效。中国证监会从严打击证券违法活动，加强大案要案惩治和重点领域执法，全年共办理案件 609 起，案发数量连续 3 年下降，证券市场违法多发高发势头得到初步遏制。全年作出处罚决定 371 项，罚没款金额 45.53 亿元，市场禁入 95 人次，向公安机关移送和通报涉嫌证券期货犯罪案件线索 177 起，会同公安部、最高人民检察院联合部署专项执法行动，进一步加强证券执法司法合力。

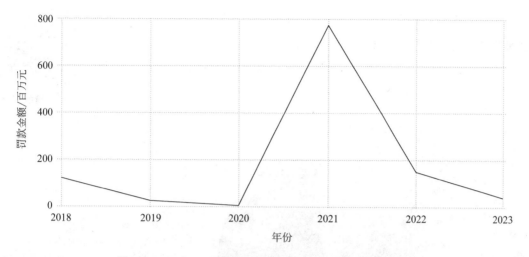

图 5-21 2018—2023 年会计事务所被处罚款金额折线图

（6）处罚机构

统计出 2018—2023 年行政机关发出的会计师事务所及会计师处罚公告数量，分析它们占总处罚公告数量的占比，如图 5-22 所示。

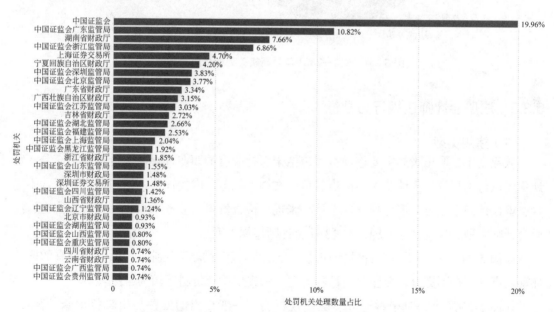

图 5-22 2018—2023 年处罚机关处理数量占比柱状图

如图 5-22 所示，中央机关中，中国证监会、上海证券交易所参与的案件较多；而地方机构中，中国证监会广东监管局、中国证监会浙江监管局、中国证监会深圳监管局等处理的案件较多。

如图 5-23 所示，处理案件较多的中央机关和地方机关一般给出的处罚都是罚款、出具警示函等，较为严重的处罚很少。

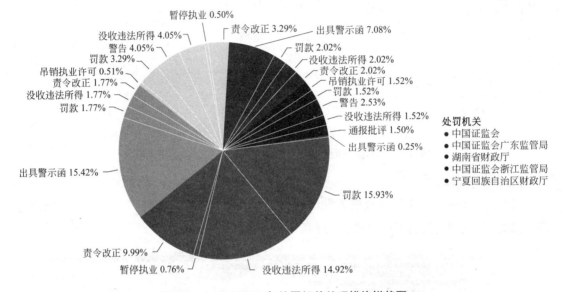

图 5-23　2018—2023 年处罚机关处理措施饼状图

5.3.3　注册会计师违规行为画像

（1）违规类型

从数据中提取出来的主要违规类型包括未保持应有的职业怀疑、审计证据不充分、审计程序执行不到位、审计意见不恰当、审计文档不规范、内控评价不恰当、审计报告不完善、审计计划不完善、审计独立性不足、未提供检查资料、业务承接程序执行不恰当、注册会计师问题、自身管理问题，共 13 种会计师违规类型。

如图 5-24 所示，不少会计师的违规行为是审计程序执行不到位、未保持应有的职业怀疑及审计证据不充分，而注册会计师问题、未提供检查资料等较为罕见。

如图 5-25 所示，对于占比较多的违规行为，一般作出的处罚是出具警示函、警告、罚款等，市场禁入、暂停执业等较为严重的处罚比较罕见。

（2）处罚类型

根据《中华人民共和国注册会计师法》第五条的规定，国务院财政部门和省、自治区、

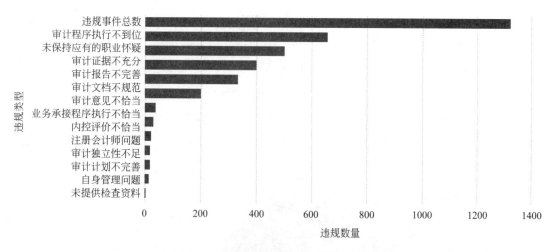

图 5-24 注册会计师违规类型数量柱状图

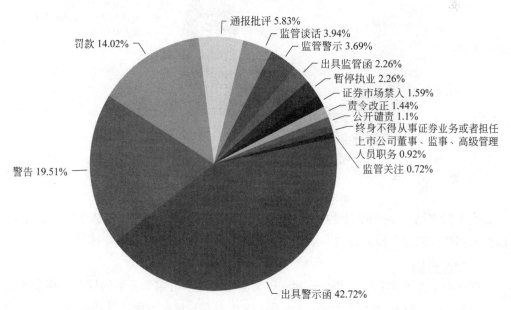

图 5-25 注册会计师违规类型数量占比较高处罚饼状图

直辖市人民政府财政部门,依法对注册会计师进行监督、指导,并对违规行为进行处罚,包括警告、罚款、暂停执业、吊销注册会计师证书等;同时,根据《中华人民共和国证券法》第一百六十九条规定,对于涉及资本市场和证券市场的会计师,证监会依法制定从事证券业务人员的行为准则并监督实施,依法对证券违法行为进行查处,包括责令改正、警告、罚款等。

从数据中提取出 12 种处罚类型:通报批评;警告;公开谴责;罚款;证券市场禁入;出具

警示函；暂停执业；出具监管函；监管谈话；监管警示；责令改正；终身不得从事证券业务或者担任上市公司董事、监事、高级管理人员职务。其中出具警示函占比最高，达到43.25%。

如图5-26所示，由于不少会计师的违规行为是审计程序执行不到位、审计证据不充分以及未保持应有的职业怀疑，所以相关部门给出的处罚主要是出具警示函、警告等，市场禁入、公开谴责等较为严重的处罚手段较为罕见，而这些罕见的严重处罚手段大多是由中国证监会、上海证券交易所开出的。

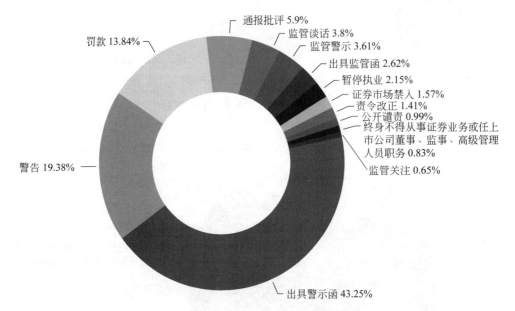

图 5-26　注册会计师处罚类型环状图

如图5-27所示，对于严重的处罚措施，一般的违规类型是审计报告不完善、审计程序执行不到位、审计文档不规范、审计证据不充分、未保持应有的职业怀疑。

（3）罚款金额

根据《中华人民共和国注册会计师法》第三十九条至第四十一条的规定，存在条款中所列行为的，包括但不限于予以隐瞒或者作不实的报告、买卖被审计单位的股票、债券等，给予会计师罚款处罚，罚款具体金额依据情节是否严重而定。根据《证券法》第一百八十条至第二百一十四条的规定，存在条款中所列行为的，包括但不限于泄露、隐匿、伪造、篡改或者毁损有关文件和资料，报送的报告或者披露的信息有虚假记载、误导性陈述或者重大遗漏的等，给予注册会计师罚款处罚，罚款具体金额依据情节是否严重而定。

从数据中选取受到罚款金额较高的前十名注册会计师进行分析。图 5-28 分析了对这十名注册会计师进行处罚的实施机关占比。

第5章 会计师事务所违规行为画像

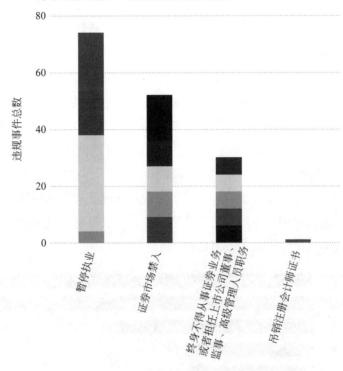

图 5-27 注册会计师所受严重处罚措施的违规类型

请扫码查看彩图

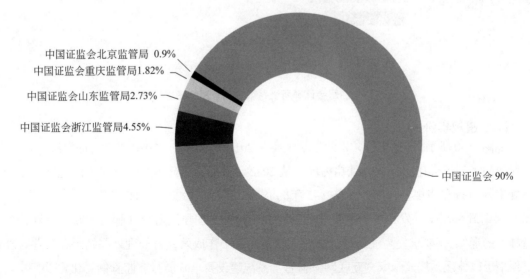

图 5-28 罚款金额较高的注册会计师所受处罚实施机关占比

如图 5-28 所示，罚款金额较高的注册会计师受到的处罚一般是由中国证监会开出的，高达 90%，而地方机关开出的处罚占比较少，这反映了中国证监会在证券市场监管中的权威地位和行业影响力，以及其对违规行为的严肃态度和有效处理能力。

罚款金额与违规类型之间的关系反映了不同违规行为所受罚款处罚的严重性。通过分析罚款金额最高的违规类型，可以帮助注册会计师加强自身的合规管理，优化审计流程，重点防范这些高风险行为，从而减少违规行为的发生。

如图 5-29 所示，对注册会计师处罚金额较高的违规行为主要集中在审计报告不完善、审计程序执行不到位、未保持应有的职业怀疑等问题，这三类违规行为的占比高达67.31%。相比之下，内控评价不恰当、审计报告不完善、审计计划不完善、未提供检查资料、业务承接程序执行不恰当、注册会计师问题、自身管理问题等其他违规行为则未在高罚款中出现。这表明，监管机构对审计程序的严格执行和职业怀疑态度的保持尤为重视，而这些因素在注册会计师执业中扮演着关键角色。

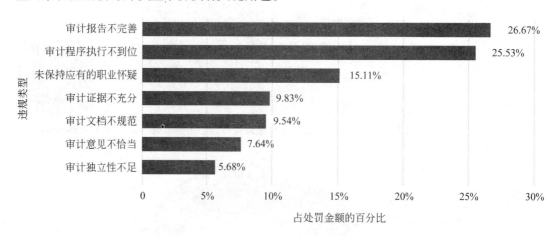

图 5-29　注册会计师所受罚款金额较高的违规类型

（4）违规年份

如图 5-30 所示，违规事件频发的年份主要在 2018—2020 年。2020 年新《证券法》颁布，大幅提高了对证券违法行为的处罚力度。从 2022 年开始，违规事件频率呈下降趋势。由于违规案件审查和违规公告发布需要 1~2 年的时效，所以从数据上 2022 年之后有下降趋势。2020 年财政部制定并发布了《财政部办公厅关于印发〈加强注册会计师行业联合监管若干措施〉的通知》，要求提高注册会计师行业联合监管工作成效，将处理处罚结果在行业管理工作中予以体现，按照国家"互联网＋监管"系统建设要求开展行业监管信息化建设，建立行业重大舆情风险应对机制，统筹处理财务造假、审计失败等相关事件；同时要夯实联合监管基础，推动涉及注册会计师行业的法律法规修订制订和重大政策出台，进一步充实监管队伍，切实加强一线监管力量。今后，注册会计师的违规行为将会面临越来越严的监管趋势。

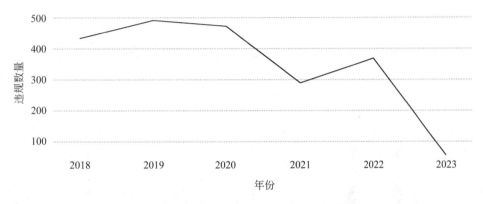

图 5-30　2018—2023 年注册会计师违规记录数量折线图

（5）处罚机构

如图 5-31 所示，中央机关中，中国证监会、上海证券交易所、深圳证券交易所参与督察的案件较多；而地方机构中，中国证监会广东监管局、中国证监会浙江监管局、中国证监会北京监管局等处理的案件较多。

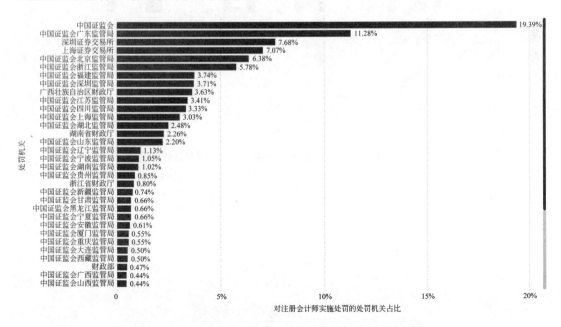

图 5-31　对注册会计师实施处罚的处罚机关占比柱状图

如图 5-32 所示，处理案件较多的机关一般给出的处罚是出具警示函、罚款、警告等，而证券市场禁入、终身不得从事证券业务或者担任上市公司董事、监事、高级管理人员职务等严重的处罚措施都是由中国证监会开出的。

请扫码查看彩图

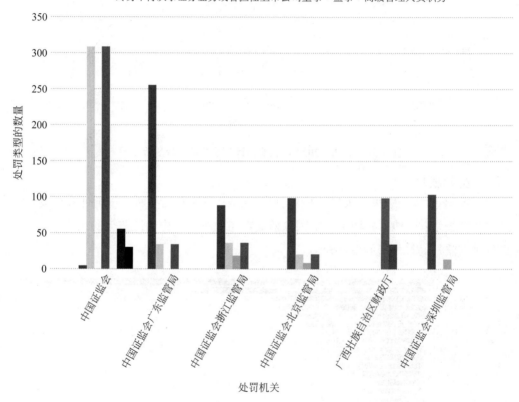

图 5-32　处罚机关对注册会计师实施处罚类型数量柱状图

第 6 章 基于机器学习模型的会计师事务所违规行为预测

机器学习应用领域广泛，涵盖数据分类和模式识别、欺诈检测、风险评估和管理、财务预测和规划，以及决策支持系统等领域，尤其在违规行为预测方面，机器学习展现出巨大的潜力。通过分析历史数据和相关因素，机器学习能够构建预测模型，协助发现会计师事务所潜在的违规模式和风险指标，实时监测和预测违规行为，从而加强内部控制和风险管理。

会计师事务所违规行为预测的基本原理是利用算法学习历史数据，对样本进行分类，以判断违规或非违规行为。

本节基于从国泰安数据库、中国注册会计师协会官网以及中国证监会官网收集到的 2019—2022 年从事证券服务业务的会计师事务所资本市场执业基本信息，将 2019—2021 年的数据作为训练样本，2022 年的数据作为测试样本，分别采用支持向量机（SVM）、决策树（Decision Tree）、随机森林、梯度提升树（Gradient Boosting Tree）四种模型进行预测，比较四种预测模型的效果并对每个模型的特征重要性进行分析。

6.1 样本数据和指标的选择

为了构建具有代表性和可靠性的预测模型，我们需要收集大规模的数据样本，其中包含了来自不同会计师事务所的多样化数据。同时，数据样本还需包含相应时间范围内的正常和违规行为案例，以确保模型能够在真实场景中进行预测。此外，为了全面评估会计师事务所违规行为预测模型的性能，我们选用了多个重要的评估指标，以综合考量模型的效果。

6.1.1 数据收集与处理

违规行为预测的数据来源涵盖三个方面。第一个方面是国泰安数据库，用于获取会计师事务所及会计师违规相关数据；第二个方面是证监会官网发布的 2019—2021 年从事证券服务业务的会计师事务所资本市场执业基本信息表，用于获得会计师事务所的基本执业信息；第三个方面是通过手动收集的 2022 年从事证券服务业务的会计师事务所资本市场执业基本信息表。由于中国证监会每年在 11 月前后发布上一年的会计师事务所资本市场执业基本信息,因此无法获得2022年度的执业信息。为填补这一空缺,通过中国注册会计师协会官网手动查询会计师事务所执业信息。然而,由于数据收集受发布时间的限制,2022年的数据采集有限,可能会对结果产生一定程度的影响。

数据预处理和清洗是进行数据分析和建模前的重要步骤。数据预处理旨在处理数据中的缺失值和异常值,进行数据转换和整合,以确保数据的质量和一致性。在数据预处理阶段,通过删除、填充或插值等方法处理缺失值。数据清洗涉及去除重复值、筛选数据子集和处理噪声。经过处理后,本部分数据共包含140家会计师事务所2019—2021年的违规与不违规数据,其中,发生违规的事务所75家,没有发生违规的事务所65家。

6.1.2 指标选择

针对收集到的数据,我们选择了一系列指标作为特征,其中包括合伙人数量、注册会计师数量、资产均值、组织形式、注册资本、事务所行政处罚数、注册会计师行政处罚数、行政处罚总次数、事务所行政监管数、注册会计师行政监管数、行政监管总次数、大于70岁人数、60~70岁人数、40~60岁人数、小于40岁人数、博士研究生人数、硕士研究生人数、本科生人数、大专生人数,共19个指标。这些指标被认为与会计师事务所的违规行为相关。

对于以上19种指标,将其分为三类,分别是会计师事务所指标、处罚和监管指标、注册会计师指标。具体分类及各项分类的含义如表6-1所示。

表6-1 指标分类及定义

一级指标	二级指标	指标含义
会计师事务所指标	合伙人数量	会计师事务所中拥有合伙人身份的人数
	注册会计师数量	会计师事务所中注册会计师的人数
	资产均值	会计师事务所在特定时间范围内所有资产的平均值
	组织形式	运营和管理模式
	注册资本	会计师事务所在成立或注册时,向相关政府机构申报的公司资本金额
处罚和监管指标	事务所行政处罚数	会计师事务所受到的行政处罚数量
	注册会计师行政处罚数	注册会计师受到的行政处罚数量
	行政处罚总次数	会计师事务所及会计师受到的行政处罚数量
	事务所行政监管数	会计师事务所受到的行政监管数量
	注册会计师行政监管数	会计师受到的行政监管数量
	行政监管总次数	会计师事务所及会计师受到的行政监管数量

续表

一级指标	二级指标	指标含义
注册会计师指标	大于70岁人数	注册会计师年龄大于70岁的人数
	60~70岁人数	注册会计师年龄大于60岁小于70岁的人数
	40~60岁人数	注册会计师年龄大于40岁小于60岁的人数
	小于40岁人数	注册会计师年龄小于40岁的人数
	博士研究生人数	注册会计师学历为博士研究生的人数
	硕士研究生人数	注册会计师学历为硕士研究生的人数
	本科生人数	注册会计师学历为本科生的人数
	大专生人数	注册会计师学历为大专生的人数

为减少模型复杂度并提升其解释性和预测能力，本部分对上述指标进行皮尔逊相关性检验，筛选出绝对相关系数大于0.8的具有强相关性的指标，如合伙人数量与注册会计师数量（相关系数为0.9671）、注册会计师行政处罚数与行政处罚总次数（相关系数为0.9759）、注册会计师数量与注册资本（相关系数为0.8629）、事务所行政监管数与行政监管总次数（相关系数为0.9862）、事务所行政监管数与注册会计师行政监管数（相关系数为0.9702）、注册会计师行政监管数与行政监管总次数（相关系数为0.9969）、40~60岁人数与大专生人数（相关系数为0.908）、小于40岁人数与本科生人数（相关系数为0.9742）、小于40岁人数与硕士研究生人数（相关系数为0.8983）等。

针相相关性较高的指标利用主成分分析进行降维，保留累计解释方差达到95%的指标，删去以下8个指标：注册会计师数量、注册会计师行政监管数、行政监管总次数、40~60岁人数、本科生人数、硕士研究生人数、行政处罚总次数、小于40岁人数。

最终确定本部分共11个指标为：合伙人数量、资产均值、组织形式、注册资本、事务所行政处罚数、注册会计师行政处罚数、事务所行政监管数、大于70岁人数、60~70岁人数、博士研究生人数、大专生人数。

6.2 机器学习模型的构建与评估

由于收集到的会计师事务所的数据呈现小样本高维度的特征，所以我们采用了多种机器学习模型，如支持向量机、决策树、随机森林、梯度提升树等，以构建一套可用于预测会计师事务所违规行为的模型。

首先，对原始数据进行了全面的预处理，包括数据清洗和特征标准化等关键步骤。其次,将数据集分为训练集和测试集,运用训练集对模型进行了精心训练和优化。在数据集划分方面,每一个模型都采用K折交叉验证确定数据集的分配比例;就模型方面而言,将二分类变量——是否违规作为因变量,将11个特征指标作为自变量,根据事务所历史数据对违规进行分析。最后,通过准确率、精确率、召回率、F1分数以及绘制ROC曲线评估指标对模型性能进行了全面评估,并对结果进行了深入分析。

6.2.1 支持向量机模型

(1)支持向量机模型简介

支持向量机(SVM)是一种强大的监督学习算法,用于解决分类和回归问题。其原理是基于寻找一个最优的超平面,将不同类别的数据样本尽可能地分开,并使两类样本中距离超平面最近的数据点之间的间隔最大化。首先,SVM在高维特征空间中表现出色,适用于处理复杂问题和高维数据。其次,通过最大化间隔和支持向量的概念,SVM具有较好的泛化能力,可以有效避免过拟合问题。再次,借助核函数技术,SVM能够处理非线性问题,将数据映射到高维空间并构建线性分类器,提高了分类效果。最后,SVM适用于小样本数据,因为它是通过支持向量进行决策的,因此在小样本问题上表现出色。

(2)支持向量机模型的建立

建立支持向量机模型需要仔细地准备数据、选择合适的核函数、超参数调优以及对特定问题的理解。

第一,在数据准备方面,本节实验所用的数据都已经提前处理,确保数据没有缺失值或异常值,同时,对特征进行了标准化或归一化,以确保它们在相同的尺度上。

第二,在数据集划分方面,测试集划分比例已通过K折交叉验证确定最佳划分比例为0.6,如图6-1所示,即所有2019—2021年的数据被归为训练集,而2022年的数据则被随机分成了40%作为训练集,剩余的60%作为测试集。图6-1的横轴代表的是随机森林模型中训练集与测试集的比例,纵轴代表的是准确率、精确率、召回率、F1分数的值。

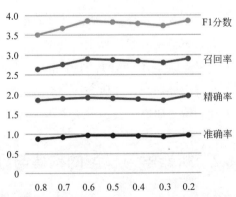

图6-1 支持向量机模型分割比例折线图

注:纵轴四个指标的值均在0~1范围内,为了便于观察,将四个指标叠加在一张图中,其中0~1代表准确率的值、1~2代表精确率的值、2~3代表召回率的值、3~4代表F1分数的值。

第三，就超参数调优而言，使用 K 折交叉验证技术来确定最佳的超参数值。本节采用的 SVM 模型的最佳正则化参数为 1.0，最佳核函数的扩展参数为 scale，最佳核函数为 linear。

第四，成功建立支持向量机模型，接着使用训练集数据来训练支持向量机模型，使用测试集数据来评估模型的性能。

（3）支持向量机模型的结果

本节通过准确率、精确率、召回率、F1 分数以及绘制 ROC 曲线五个评估指标来验证支持向量机模型的效果。其结果如表 6-2 所示。

表 6-2　支持向量机模型评估指标表

模型名称	准确率	精确率	召回率	F1 分数
支持向量机模型	0.964 3	0.954 5	0.976 7	0.965 5

其 ROC 曲线图如图 6-2 所示。

从图 6-2 可知，该支持向量机模型在测试会计师事务所是否存在违规现象的任务上性能非常好。具体来说，模型能够捕捉到大部分存在违规现象的会计师事务所，这意味着很少的违规案例被漏掉。此外，还意味着模型很少将正常事务所错误地分类为存在违规。

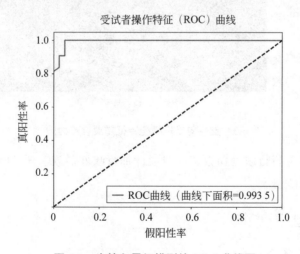

图 6-2　支持向量机模型的 ROC 曲线图

（4）支持向量机模型特征重要性分析

在基于机器学习的会计师事务所违规行为预测的研究中，特征重要性分析对于揭示导致违规行为的关键因素和监管决策的制定都具有重要意义。特征重要性是在机器学习模型中，用于衡量不同特征（或变量）对预测结果的影响程度的一种指标。它可以帮助我们理解模型是如何利用输入特征做出预测决策的，哪些特征在模型预测中扮演着更重要的角色。特征重要性分析对于理解模型的行为、进行特征选择、优化模型和解释预测结果都具有重要作用。

在不同的机器学习算法中，衡量特征重要性的方法可能有所不同，就支持向量机模型而言，由于支持向量机模型本身并不提供直接的特征重要性分析或相关性分析，相关性分析通常是通过分析特征与目标变量之间的相关性来完成的，而不是直接与支持向量机模型相关。所以选用热力图来确定哪些特征与目标变量之间具有较强的相关性，其特征重要性结果如图 6-3 所示。

请扫码查看彩图

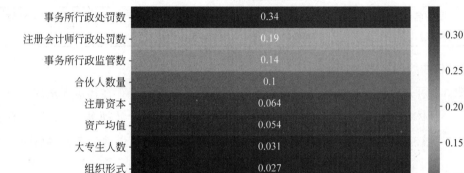

图 6-3 支持向量机模型特征重要性热力图

从结果来看，事务所行政处罚数、注册会计师行政处罚数、事务所行政监管数三个指标对违规行为预测影响最大。

6.2.2 决策树模型

（1）决策树模型简介

决策树是一种常见且易于理解的监督学习算法，用于解决分类和回归问题。它通过一系列的规则和条件将数据样本划分成不同的类别或值。决策树的构建过程基于对数据特征的不断划分，以找到最优的决策路径，使每个叶节点包含尽可能纯净的数据类别或数值。决策树是一种简单且有效的分类和回归算法，适用于可解释性要求较高的场景及小到中型的数据集。然而，在处理复杂数据和过拟合问题上，可能需要采用一些策略来优化决策树的性能。

（2）决策树模型的建立

决策树模型的建立需要综合考虑合适的数据、特征选择、分裂准则、停止条件、剪枝策略和算法选择等一系列条件和因素。

第一，本节所使用的数据都已经提前处理，确保数据没有缺失值或异常值，同时对特征进行了标准化或归一化，以确保它们在相同的尺度上。

第二，就数据集的分割比例而言，如图 6-4 所示，通过实验，将最佳分割比例定为 0.7，即所有 2019—2021 年的数据被归为训练集，而 2022 年的数据则被随机分成了 30% 作为训练集，剩余 70% 的数据作为测试集。图 6-4 的横轴代表的是随机森林模型中训练集与测试集的比例，纵轴代表的是准确率、精确率、召回率、F1 分数的值。

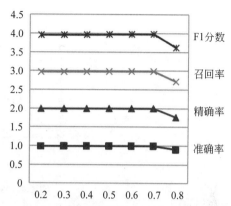

图 6-4　决策树数据集分割比例折线图

注：纵轴四个指标的值均在 0~1 范围内，为了便于观察，将四个指标叠加在一张图中，其中 0~1 代表准确率的值、1~2 代表精确率的值、2~3 代表召回率的值、3~4 代表 F1 分数的值。

第三，决策树的构建通常基于一种分裂准则，如信息增益、Gini 不纯度或均方误差，这些准则用于确定在每个节点处如何分裂数据。由于面临的问题是分类问题以及数据集的特征维度非常高，所以选用的分裂准则为信息增益。

第四，定义了决策树生长的停止条件，以防止过度拟合。常见的停止条件包括树的深度限制、节点中的最小样本数限制等。通过 K 折交叉验证，我们确定了决策树停止生长的最佳条件，即决策树的最大深度为 2，最佳最小叶子节点样本数为 1，最佳最小分裂节点样本数为 2。

第五，成功建立决策树模型，接着使用训练集数据来训练决策树模型，使用测试集数据来评估模型的性能。

（3）决策树模型的结果

本节通过准确率、精确率、召回率、F1 分数以及绘制 ROC 曲线五个评估指标来验证决策树模型的效果。其结果如表 6-3 所示。

表 6-3　决策树模型评估指标表

模型名称	准确率	精确率	召回率	F1 分数
决策树模型	0.984 9	1.000 0	0.983 6	0.984 8

其 ROC 曲线图如图 6-5 所示。

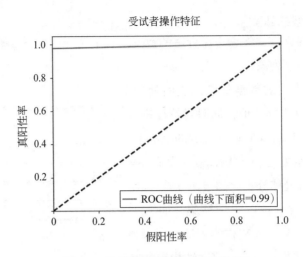

图 6-5 决策树模型的 ROC 曲线图

从图 6-5 可知,该决策树模型在检测会计师事务所是否存在违规现象方面表现出色,具有非常高的召回率和极低的误报率,能够准确地捕捉到绝大多数存在违规现象的会计师事务所。

(4) 决策树模型特征重要性分析

在决策树中,特征重要性通常通过基尼系数或信息增益来衡量。本节选取信息增益进行特征重要性分析。如图 6-6 所示,事务所行政处罚数、事务所行政监管数两个指标对违规行为预测影响最大,占比分别约为 52.35% 和 43.65%。另外,注册会计师行政处罚数也有较大影响,重要性占比约为 4%。

请扫码查看彩图

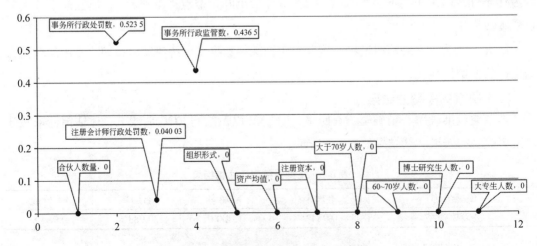

图 6-6 决策树特征重要性分析散点图

6.2.3 随机森林模型

（1）随机森林模型简介

随机森林是一种集成学习算法，它结合了多个决策树来进行分类和回归任务。随机森林的构建过程如下：首先，从原始训练数据集中随机有放回地抽取一定数量的样本，形成一个新的子样本集。然后，针对每个子样本集，独立构建一棵决策树。在构建每棵决策树的过程中，对于每个节点的划分，只考虑一个随机选择的特征子集。这种随机选择样本和特征的方式，使每棵树都具有一定的随机性和差异性。

随机森林作为一种强大的集成学习算法，具有较好的性能和鲁棒性，适用于分类和回归问题，并在许多实际应用中取得了广泛的成功。

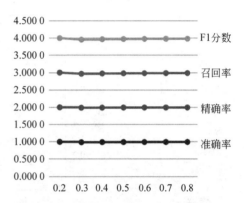

图 6-7　随机森林测试集分割比例折线图

注：纵轴四个指标的值均在 0~1 范围内，为了便于观察，将四个指标叠加在一张图中，其中 0~1 代表准确率的值、1~2 代表精确率的值、2~3 代表召回率的值、3~4 代表 F1 分数的值。

（2）随机森林模型的建立

第一，建立随机森林模型，确保数据集经过清洗和预处理，确保没有缺失值、异常值。

第二，将数据集分为训练集和测试集，本节采用交叉验证的方法，结果如图 6-7 所示，确定测试集的最佳分割比例为 0.2，即所有 2019—2021 年的数据被归为训练集，而 2022 年的数据则被随机分成了 80% 作为训练集，剩余 20% 的数据作为测试集。图 6-7 的横轴代表的是随机森林模型中训练集与测试集的比例，纵轴代表的是准确率、精确率、召回率、F1 分数的值。

第三，随机森林模型有许多超参数，如树的数量（n_estimators）、每棵树的最大深度（max_depth）、最小叶子节点样本数（min_samples_leaf）等。选择合适的超参数可以影响模型性能，因此通过交叉验证来确定超参数最佳值，最佳超参数组合为 {'max_depth': 10, 'min_samples_leaf': 1, 'min_samples_split': 2, 'n_estimators': 100}。

第四，成功建立随机森林模型，使用训练集数据来训练随机森林模型，使用测试集数据来评估模型的性能。

（3）随机森林模型的结果

本节通过准确率、精确率、召回率、F1 分数以及绘制 ROC 曲线五个评估指标来验证随机森林模型的效果，其结果如表 6-4 所示。

表 6-4 随机森林模型评估指标表

模型名称	准确率	精确率	召回率	F1 分数
随机森林模型	0.995 5	1.000 0	0.991 2	0.995 6

其 ROC 曲线图如图 6-8 所示。

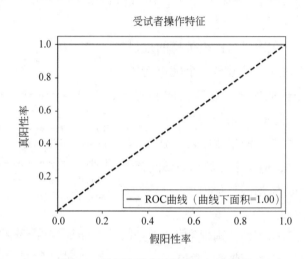

图 6-8 随机森林模型的 ROC 曲线图

从图 6-8 可知，该随机森林模型在检测会计师事务所是否存在违规现象方面表现出色，模型能够完美地捕捉到所有存在违规现象的会计师事务所，没有任何违规案例被漏掉，没有正常事务所被错误地分类为存在违规。

（4）随机森林模型特征重要性分析

随机森林模型通过对多棵决策树的平均或加权平均来计算特征重要性。一般来说，特征在多棵树中的平均深度越大，其重要性越高。如图 6-9 所示，事务所行政处罚数、注册会计师行政处罚数和事务所行政监管数三个指标对违规行为预测影响最大，重要性占比分别为 25.76%、19.11% 和 19.07%。

6.2.4 梯度提升树模型

（1）梯度提升树模型简介

梯度提升树是一种强大的集成学习算法，用于解决回归和分类问题。它通过连续迭代的方式构建多棵决策树，每次构建的决策树都是在之前模型的残差基础上进行改进，从而逐步优化预测结果。首先，它开始构建一个简单的模型，如常数或平均值，作为初始预测；然后计算当前模型对训练数据的预测残差，构建一棵新的决策树以修正预测误差，将新构

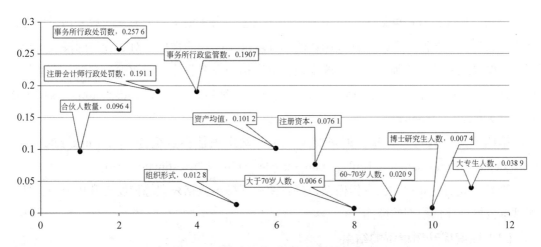

图 6-9 随机森林模型特征重要性散点图

建的决策树加入当前模型中,并通过迭代不断优化。最后,将所有构建的决策树进行累加组合,得到梯度提升树模型。

(2)梯度提升树模型的建立

第一,建立梯度提升树模型,确保数据集经过清洗和预处理,没有缺失值和异常值。

第二,将数据集分为训练集和测试集,本节采用交叉验证的方法,结果如图 6-10 所示,确定测试集的最佳分割比例为 0.6,即所有 2019—2021 年的数据被归为训练集,而 2022 年的数据则被随机分成了 40% 作为训练集,剩余 60% 的数据作为测试集。图 6-10 的横轴代表的是随机森林模型中训练集与测试集的比例,纵轴代表的是准确率、精确率、召回率、F1 分数的值。

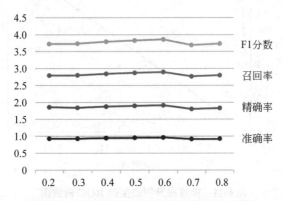

图 6-10 梯度提升树测试集分割比例折线图

注:纵轴四个指标的值均在 0~1 范围内,为了便于观察,将四个指标叠加在一张图中,其中 0~1 代表准确率的值、1~2 代表精确率的值、2~3 代表召回率的值、3~4 代表 F1 分数的值。

第三，梯度提升树的训练过程是一个优化问题，需要定义一个损失函数来衡量模型的预测与实际标签之间的差距。损失函数的选择取决于问题的性质，对于分类问题，可以使用对数损失或者基尼不纯度等。一般来说，对数损失在概率建模方面更为常见，而基尼不纯度通常用于分类和树模型，所以本节选用基尼不纯度，将 GradientBoostingClassifier 的 loss 参数设置为 "exponential"。

第四，对参数进行调优。通过交叉验证，确定最佳参数组合：{'learning_rate': 0.01, 'max_depth': 3, 'min_samples_leaf': 1, 'min_samples_split': 2, 'n_estimators': 50}。

第五，成功建立梯度提升树模型，接着使用训练集数据来训练梯度提升树模型，使用测试集数据来评估模型的性能。

（3）梯度提升树模型的结果

本节通过准确率、精确率、召回率、F1 分数以及绘制 ROC 曲线五个评估指标来验证梯度提升树模型的效果，其结果如表 6-5 所示。

表 6-5　梯度提升树模型评估指标表

模型名称	准确率	精确率	召回率	F1 分数
梯度提升树模型	0.964 3	0.954 5	0.976 7	0.965 5

其 ROC 曲线图如图 6-11 所示。

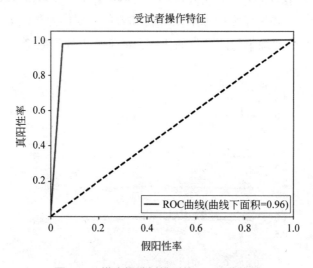

图 6-11　梯度提升树模型的 ROC 曲线图

从图 6-11 可知，该模型在检测会计师事务所是否存在违规现象方面表现出色，模型能够完美地捕捉到所有存在违规现象的会计师事务所，没有任何违规案例被漏掉，没有正常事务所被错误地分类为存在违规。

（4）梯度提升树模型特征重要性分析

梯度提升树模型通过对多棵决策树的平均或加权平均来计算特征重要性。一般来说，特征在多棵树中的平均深度越大，其重要性越高。如图 6-12 所示，事务所行政处罚数、事务所行政监管数两个指标对违规行为预测影响最大，重要性占比分别为 52.27% 和 40.73%。另外，合伙人数量、注册资本和资产均值也有影响。

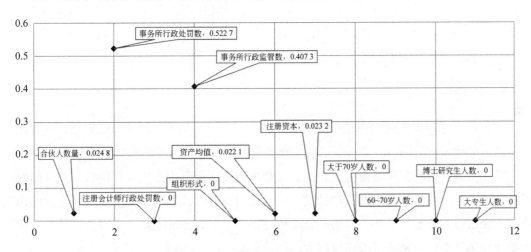

图 6-12　梯度提升树特征重要性散点图

6.3　研究结论与分析

在本节中，我们比较了四个不同的分类模型：支持向量机模型、决策树模型、随机森林模型和梯度提升树模型。这些模型被应用于一个二分类任务，其目标是预测会计师事务所是否会违规。通过使用交叉验证来评估这些模型的性能，并根据准确率、精确率、召回率、F1 分数和 ROC 曲线下面积等指标来比较它们的效果。

6.3.1　模型结果对比

在前面的章节中，我们详细介绍了基于机器学习的会计师事务所违规行为预测研究所采用的模型和评估指标。接下来，我们将聚焦展示和分析我们所建立模型的预测结果。

表 6-6 是采用四个机器学习模型的预测结果对比。

表 6-6 模型结果对比表

机器学习模型	准确率	精确率	召回率	F1 分数
支持向量机模型	0.964 3	0.954 5	0.976 7	0.965 5
决策树模型	0.984 9	1.000 0	0.983 6	0.984 8
随机森林模型	0.995 5	1.000 0	0.991 2	0.995 6
梯度提升树模型	0.964 3	0.954 5	0.976 7	0.965 5

如表 6-6 所示，随机森林模型的效果相比其他模型的效果更佳，四个评估指标的表现均优于其他模型，模型的准确率高达 99.5%，这表明随机森林模型可以更好地预测会计师事务所是否违规。但是对于首次违规的公司而言，由于该公司不存在违规数据，所以在模型中并不能起到很好的预测效果。

6.3.2 结论

在预测会计师事务所的违规行为方面，本研究采用了基于机器学习的方法，并使用了大量的历史数据进行训练和验证。通过该模型的构建和测试，我们得出以下结论：

首先，我们的机器学习模型在预测会计师事务所违规行为方面表现出较高的准确性和可靠性。经过对大量特征的分析和筛选，我们使用有效的预测模型对潜在违规行为的识别能力表现出较为显著的优势。这为监管机构提供了一个有力的工具，可以帮助其更加精准地检测和防范会计师事务所的违规行为。

其次，本研究填补了相关领域的研究空白，为会计师事务所违规行为预测的实践应用提供了新的视角和解决方案。过去，对于违规行为的预测主要依赖经验判断和传统统计方法，缺乏高效、自动化的手段。而我们的研究充分展示了机器学习在这一领域的巨大潜力，为监管部门和业界提供了一种全新的、可靠的预测手段。

从实验结果来看，会计师事务所行政处罚次数、人员处罚次数、事务所行政监管次数、人员行政监管次数对会计师事务所影响较大，这里的行政处罚是指针对会计师事务所及其从业人员违反会计、审计法规或其他相关法律法规、规章规定所作出的行政性处罚。这些处罚通常由行政监管机构或专门的会计监管机构依法进行，并根据违规的性质和严重程度采取不同的处罚措施。

原因可能包括：

（1）历史记录反映潜在问题：过去的行政处罚和监管次数能够反映会计师事务所是否有过违规行为或不当操作。如果一家会计师事务所或其从业人员多次受到处罚或监管，说明其存在较高的风险,可能在业务操作中存在问题或违规行为。

（2）显示管理效率和风险控制体系：会计师事务所的管理效率和风险控制体系直接关系到是否能够遵守规定和规范行为。行政处罚和监管次数多的事务所可能存在管理不善、内部控制薄弱、员工合规意识不足等问题，这些因素增加了未来违规的可能性。

（3）监管关注度：监管机构倾向于加大对存在问题的会计师事务所进行监管和处罚的力度。一旦事务所在过去的行为引起了监管机构的关注，监管力度可能进一步加大，这也会导致事务所未来更高的被处罚和监管概率。

尽管本研究取得了一定的成果，但我们也要坦诚地指出其局限性。例如，数据的可得性和质量可能对模型的性能产生一定影响，未来可以考虑引入更多的数据源以及对特征的优化。此外，机器学习模型的解释性仍然是一个挑战，因此在应用中仍需与专业人员配合，充分发挥机器学习技术的优势。展望未来，我们鼓励更多的研究者投入基于机器学习的会计师事务所违规行为预测领域，进一步完善模型，拓展特征选择和算法的广度，以提高预测的准确性和鲁棒性。通过共同努力，我们有信心将机器学习技术与会计实践相结合，为行业发展和监管提供更全面、智能的支持。

第 7 章 上市公司及相关主体违规行为的防范与治理

根据上市公司画像得出结论，上市公司违规现象主要集中在上市公司内部治理不规范、内部控制存在缺陷，以及财务违规中的推迟披露、虚假记载（误导性陈述）、重大遗漏、一般会计处理不当和虚构利润。前述章节针对公司治理、内部控制和财务特征深入挖掘违规行为背后的动机，并对会计师事务所违规行为进行解构。本章对上市公司和会计师事务所违规行为提出防范和治理措施与建议，是促进上市公司高质量发展、提升资本市场健康发展的重要推手。

7.1 完善上市公司的内部治理

在以往的研究中，学者们认为，公司违规行为的治理主要体现在内部治理和外部治理两个方面。内部治理通常是指公司治理，有效的、高水平的公司治理可以降低上市公司的违规风险。公司治理主要包括董事会治理、经理层治理、股东治理和内部监督。内部治理结构主要表现为"三会一层"。"三会"是指股东大会、董事会、监事会，"一层"是指公司执行机构，具体是指总经理等高管层。近几年，中国注册会计师协会（简称中注协）在书面约谈会计师事务所的过程中，重点提示事务所应关注出现违规行为的上市公司所面临的审计风险。例如，个别上市公司实际控制人或者高级管理人员因涉嫌违法违规被立案调查或者被要求协助有关机关调查，引起市场关注，审计风险较高（中国注册会计师协会，2022）[85]。从第 3 章违规行为的可视化中得到结论，公司治理不规范经常会导致大股东或高级管理者违规使用资金买卖股票、占用公司资产，这是发生较为频繁的二级违规类型。所以，在公司违规行为防范中，要多关注管理层的实际控制人与高级管理人员的行为，提升管理人员的合规意识。

另外，中注协提示注册会计师首先要重点关注的就是有违规行为上市公司的内部控制有效性。具体表现为注册会计师要恰当评估实际控制人或者高级管理人员涉嫌违法违规对上市公司控制环境、风险评估和控制活动等的影响；要高度关注管理层凌驾于控制之上的风险；要谨慎选择综合性方案，实施更充分的实质性程序以获取审计证据，应对评估的重大错报风险（中国注册会计师协会，2022[85]）。由此可见，内部控制在防范上市公司违规中起到重要作用。所以，在公司违规行为的治理方面，应当加强公司内部控制，不断优化内部控制审计，发挥内部控制审计在公司经营过程中的"免疫系统"作用，提高公司运营效率。具体防范与治理措施表现在以下几个方面。

7.1.1 优化上市公司股权结构

实际控制人滥用控制权是上市公司违规的常见动因。实际控制人和高层管理者共同谋划，如关联方交易，并且共同隐瞒信息造成信息披露违法，由此给公司带来的负面影响是不言而喻的。控股股东或实际控制人掌握着公司的实际控制权，他们的自利天性与机会主义，可能会导致其利用信息不对称的机会通过表决权优势来控制公司的人事任免和经营决策以谋求私利，从而成为侵害中小股东利益的始作俑者。因此，采取适当的措施和机制在实际控制人实施控制权方面加以制衡，对上市公司股权结构充分发挥其功能、规避实际控制人滥用职权而发生违规风险具有重要意义。

首先，在法律实践层面进行梳理，资本市场证券监管正在逐步完善和强化对实际控制人损害上市公司和投资者权益的法律基础和问责机制；更进一步地，资本市场的种种举措更需要相互联动，并在投资者中进行宣传，培养投资者的行权意识，从而保护投资者自身权益不受侵害。修订后的《证券法》对上市公司实际控制人在欺诈发行、信息披露、限制期交易、承诺的披露与履行、先行赔付以及股东代表诉讼等方面进行了严格规制，大幅提高了上市公司实际控制人的违法成本。在解决实际控制人损害上市公司利益的问题上，实践中起诉实际控制人要求其进行民事索赔也有了相应的案例。《证券法》（2019年修订）中的一大创新性实践便是第94条规定的"发行人的董事、监事、高级管理人员执行公司职务时违反法律、行政法规或者公司章程的规定给公司造成损失，发行人的控股股东、实际控制人等侵犯公司合法权益给公司造成损失，投资者保护机构持有该公司股份的，可以为公司的利益以自己的名义向人民法院提起诉讼，持股比例和持股期限不受《中华人民共和国公司法》规定的限制"。这一规定有利于中证中小投资者服务中心（简称"投服中心"）更深入地介入公司治理，形成良好的示范效应，培养中小投资者的行权意识。

其次，找出资本市场对实际控制人或大股东的监管重点。可以通过对违规行为的分析归纳找出监管重点，从而贯穿上市公司在资本市场上的各个环节。加大对上市公司融资实质的关注，警惕大股东变相套现和资金滥用行为。公司控股股东将原本用来帮助企业实现外部权益融资的金融工具"上市"异化为个人财富管理动机下的"圈钱目标"，进而选择脱离商业常识的烧钱模式，并且短时间内在资本市场上通过多轮募集资金来维持这种不可持续的经营模式。实际上，他们考虑的不是可持续经营，而是短期套利。公司上市后可能会利用财务造假不断释放利好消息推动股价快速上涨，同时利用股权质押的方式实现高位融资变现。所以，监管部门应将大股东股权质押比例作为一个重要的监管指标进行实时监控，而且要持续关注发行人募投资金的用途，加强上市公司关于募投资金的信息披露，特别是进一步细化和完善预披露制度，要求全面真实披露募投资金的投向和可能出现的风险点。这样可以大幅增加公司大股东冒险的成本，进而抑制他们侵害中小股东的不当行为（黄钦斌，2021）[86]。

最后，通过股权制衡有效抑制实际控制人的行为。就我国而言，可以从两个方面实现股权制衡。一方面，可以尝试引入与控股股东不存在利益关系、声誉良好且符合资质的机构投资者作为独立的股东，使股权结构更加多元化。机构投资者能够凭借其良好的专业能力、较低的监督成本和明确的盈利动机更好地推动包括股东大会、董事会等在内的基本公司治理制度建设，形成对内部人控制格局的制衡，也有足够的激励和能力扮演好监督者的角色，从而降低上市公司信息披露违规行为发生的可能性。现实中，机构投资者之间通过合作积极"发声"改善公司治理的事件频频发生，但也要警惕机构投资者与大股东合谋损害治理效果。另一方面，通过立法明确规定表决权征集制度，让有诉求、有主张的小股东有机会征集到大量表决权来代表中小股东的集体利益，可以在一定程度上更好地与大股东相互制衡，避免大股东完全控制公司。

7.1.2 完善上市公司内部治理结构

在大股东或实际控制人的支配下，我国上市公司的内部治理结构"三会"有时候会沦为形式，内部治理结构难以有效地执行其功能，难以保证企业信息披露的质量。对上市公司的违规行为进行分析发现，股东大会、董事会和监事会的记录不完整、流程不规范等违反公司章程的行为屡见不鲜，其违规内容表述如"在董事会会议记录管理、股东大会会议记录管理、董事选任、高级管理人员选聘、内幕信息知情人档案登记管理等方面存在不规范情形""部分董事会决议未载明应到董事与实到董事人数，也未载明该议案获得的同意、反对和弃权的票数，且未经全体参会董事签字，违反了《公司章程》中关于股东大会、董事会、监事会会议记录的规定"。诸如此类，表明上市公司内部治理结构的建设并没有在公司中得到重视，因此，应当完善内部治理结构中的"三会"制度，发挥其应有的功能。

第一，完善董事会治理机制。作为经营决策机构，董事会需要在公司治理中发挥核心作用。《公司法》（2023年修订）规定，要根据中国共产党章程的规定，设立共产党组织，开展党的活动，以高质量党建引领高质量发展。在董事会成员的设计上，要充分体现党员的先进性，提高反腐倡廉意识，避免实际控制人干扰董事会独立性。在董事会的结构安排上要合理设置主要股东提名董事的比例，尽量避免董事会成员担任公司高级管理人职务。其次，要积极开展各种网络形式的投票，利用信息技术手段，为股东参加股东大会提供便利，帮助代表中小股东利益诉求的董事在董事会中发声。

董事会中独立董事的设置也是公司治理机制的一个重要组成部分。《证券法》（2019年修订）中赋予了独立董事以下特别职权，即独立董事对重点关联交易要进行事前认可，独立董事可以聘请中介机构出具财务顾问报告，独立董事可以向董事会提议聘用或解聘会计师事务所，这些都是对上市公司违规行为的重点监控及信息披露的事前防范和控制。此外，要借鉴英美等国家成熟的公司治理实践并结合中国的制度背景，从独立董事选聘、资格认定和激励约束等方面确保独立董事的独立性、专业性和职业性，不断完善我国的独立董事制度，逐步形成以独立董事为主的董事会结构。例如，尝试培育专业的独立董事聘任市场或者建立独立董事协会，改变我国独立董事由大股东提名的现状；对独立董事的薪酬与激励制度进行改革，探索多样化的薪酬激励方式，提高独立董事的激励强度，减少独立董事的兼职，确保独立董事有足够的时间和精力参与公司的内部监督工作。

第二，强化监事会的独立性、监督能力和监督意愿。2023年《公司法》的第二次修订中，增强了监事会的监督职能和监督权力，赋予了监事会全面审查公司财务状况的权力。为形成相互制约的公司治理格局，需要注意以下几个方面。首先，强化监事的独立性。这包括提高监事会的法律地位，设置权力重于董事会且在特定情形下参与公司经营的监事会；重构监事会的成员结构，尝试引入独立监事，提高职工代表在监事会中所占的比例；强化监事监察费用的独立性，监事会在行使其监督和检查权利的过程中若存在聘请职业审计师、律师及注册会计师等人员协助审查的必要，应由公司承担此部分费用。其次，强化监事和监事会的监督能力。这包括确立监事资格认定制度，应聘请具备丰富经验、专业素养和职业道德的专业人士组成专职监事会，对选任监事的资格进行严格审查；通过公司制度或者法律形式赋予监事会更多的监督检查权以及明确赋予监事会必要的监督手段。最后，提高监事的监督意愿。例如，建立完善的激励约束机制，将其薪酬待遇与自身的绩效有机地结合起来等措施。

第三，对高级管理人员的任免要符合规定，高级管理人员要严格履行自己的职责。首先，管理层作为企业的掌舵者，肩负指明企业发展战略和方向的重任，需要明确管理层的职责。其次，管理层要树立正确的经营理念，即管理层需要恪守商业道德和合规经营原则，为客户、为社会创造价值，避免被资本所绑架，导致公司治理发生异化。值得注意的是，《证券法》（2019年修订）中特别提到："财务负责人若收到控股股东、实际控制人侵占公司利益的指令，应当明确予以拒绝。"通过对违规行为的可视化及分析，发现财务违规占比较高，且多涉及财务负责人与实际控制人串通、共谋对上市公司资金进行占用且违法违规披露信息。财务负责人对财务信息、会计处理等财务事项负有直接责任。财务负责人应当加强对公司财务流程的控制，定期检查公司货币资金、资产受限情况，监控公司与控股股东、实际控制人等关联人之间的交易和资金往来情况。此外，财务负责人应当监控公司资金进出与余额变动情况，在资金余额发生异常变动时积极采取措施，并及时向董事会报告。财务负责人应当保证公司的财务独立性，不受控股股东、实际控制人影响，若收到控股股东、实际控制人及其他关联人占用转移资金、资产或者其他资源等侵占公司利益的指令，应当明确予以拒绝，并及时向董事会报告。

7.1.3 建立有效的内部控制审计机制

内部控制有效性在防范上市公司违规行为中发挥了重要作用。通过对上市公司违规行为的可视化分析，在违规行为中发现内部控制存在重大缺陷，其表现在：资金管理内部控制存在重大缺陷，如产品供货合同预付款纠纷及借款纠纷、相关款项去向不明、大额资金往来未按照公司规定履行董事会审批程序等；公司印鉴管理存在重大缺陷，公司实际控制人私刻公司印章、利用尚未移交的工商登记资料，在某银行盗开公司银行账号等。查出的这些内部控制重大缺陷并未在内部控制审计中得到有效监督。

从前述章节对于内部控制有效性及内部控制缺陷的可视化分析中看出，存在内部控制缺陷占比为30%左右，其中90%为一般缺陷，25%左右尚未整改。但是这些数据是在已披露内部控制缺陷的公司中做出的统计，大部分公司并没有披露内部控制缺陷，而重大内部控制缺陷正是造成公司违规的重要影响因素。究其原因，一方面，由于公司实际控制人对公司内部控制缺陷的选择性披露行为，内部控制审计的鉴证功能并未充分发挥作用，未能充分发现并披露公司内部控制缺陷信息并公允地评价公司内部控制有效性；另一方面，内部控制审计更注重对公司控制过程的检查与测试，因此需要更具行业专长的审计师去理解并公允评价公司的内部控制过程，从而达到其实施的目标。

内部控制审计制度是一项长效机制，是维护市场经济秩序、实现高质量发展的必然要求。因此，在内部控制审计方面既要从存在内部控制缺陷的上市公司入手，也要加强审计师对内部控制的审计质量。

首先，提高审计师的内部控制审计质量。审计师必须研究公司的内部控制系统。只有在了解公司内部控制系统的缺点与优点之后才能有效识别公司的内部控制缺陷，并对公司的内部控制有效性进行公允的评价。随着公司规模的扩大和经济业务复杂程度的增长，公司的内部控制是先于会计和审计职业发展的。特别是信息技术的发展给公司内部控制系统包括财务报告系统带来了深刻的变革。审计师只有充分研究并理解了公司的内部控制系统以后才能确定可能存在的风险，识别并报告相应的内部控制缺陷，进而制订相应的审计计划。因此，审计师必须努力提高自身的行业专业知识，拓展审计能力和技术的范畴，不断提高自身的专业判断能力。审计师获得相关领域的知识技能后，才能对所属行业公司内部控制的所有举措进行有效的研究，才能将审查范围扩展到足以发现差错和舞弊行为的区域。

其次，加大对存在内控缺陷的公司的监管和处罚力度，监督公司及时纠正内控缺陷。应加强对公司内部控制信息披露的监督与处罚，构建良好的市场环境和法律环境，建立合理的处罚和奖励机制。内部控制审计促进公司内部控制缺陷信息的披露受到公司特征及内部治理因素的影响。因此，必须加强对上市公司内部控制信息及缺陷信息可靠性的监督，同时严格履行合理的公司治理机制，监督公司管理层完善内部审计部门的建设。只有严格监督公司真实有效地披露内部控制信息，并履行公司治理机制才能抑制公司实际控制人的机会主义行为，使其配合内部控制审计的实施。在今后的监督过程中，要严格地对公司的内部控制违规违法行为进行处罚，特别是要积极查处管理层舞弊和审计意见购买行为，遏制管理层机会主义行为。同时，要对审计师在公司内部控制审计中查出缺陷并指导企业纠正的行为给予积极的奖励（仇立文，2020）[87]。

7.2 加大监管处罚力度

7.2.1 加强退市制度

退市制度是资本市场健康发展的基础性制度。在注册制环境下，随着市场准入的放松，需要严格高效的退市制度来加速上市公司的优胜劣汰，从而实现资本市场的动态平衡。在注册制下，治理上市公司信息披露违规行为和保护投资者利益的一个有力举措就是加强退市制度的优化和执行力度。

为做好与新《证券法》的有效衔接，深圳证券交易所于2020年12月对退市制度进行修订。修订内容主要包括：一是指标方面不再单一强调公司的盈利能力，而更看重公司的持续经营能力；二是对交易类、财务类、规范类及重大违法类退市指标进行修订完善；三是进一步简化退市流程，提升退市效率，健全资本市场退出机制。此次退市新规的设计一方面完善退市规则，建立退市指标体系，简化退市流程，准确刻画并迅速出清；另一方面严肃会计规则，提高会计信息质量和信息披露质量，明晰违法违规处罚标准，提升处罚力度，强化资本市场红线不可逾越，体现出此次退市新规的关注重点，即经营风险、监管风险、信息环境以及投资者保护（方圣滢、王海燕，2022）[88]。

7.2.2 提高处罚标准

长期以来，我国对于证券信息披露违法行为的处罚标准比较低，而且多年未作调整。但是，2020年颁布的新《证券法》和《刑法修正案（十一）》等法律文件中不但大幅提高了信息披露违规行为的处罚标准，而且进一步明确了对企业控股股东、管理层等"关键少数"的法律责任追究。加大对信息披露违法行为的惩处力度，有助于提高违法成本，增强威慑力，遏制信息披露违法行为的发生。

7.2.3 发挥交易所自律监管机制

信息披露规则作为证券市场最基本的规则，是证券市场赖以发展的基石。证券交易所为保障上市公司信息披露的质量通常也会发表信息披露监管规则指引、自律监管指引等文件，来进一步规范上市公司的信息披露行为。而且，伴随着注册制下自律监管原则的发展，我国上市公司财务报告披露也由之前的审核制转变为现阶段的信息披露直通车制度。2011年，深圳证券交易所发布《深圳证券交易所上市公司信息披露直通车试点业务指引》，将深圳证券交易所上市公司中近一年度内信息披露考核为优秀的公司划分为试行对象，直通车公告的类别包括季度的财务报告，鼓励该类上市公司自主披露。2013年，上海证券交易所发布《上海证券交易所直通车业务指引》，信息披露直通车正式开始，上市公司自主信息披露时代来临。2014年深圳证券交易所进一步修订上市公司信息披露直通车的指引，扩大了信息披露直通车的公司范围和公告类别。

信息披露直通车制度实施后，其实施的范围和公告的类别发生了较大改变，信息监管也由事前的审核监管转变为事后监管，如公司可通过媒体对外发布信息，而后由交易所进行事后的审查监督。尤其是2014年沪深两所针对公司财务报告的审核，主要采用事后审查的方式，自此针对财务报告发布的问询函的数量呈现逐年增加的趋势。截至2021年6月

30日，上海证券交易所和深圳证券交易所共发出13 518份问询函，其中，年报问询函占同年度问询函总数比例呈明显上升趋势。年报问询的范围主要包括公司财务指标变动是否合理、公司盈利是否真实可靠、公司治理和运行是否规范以及潜在的其他因素，从问询函的内容来看，监管层主要关注财务数据，比如，业绩"变脸"、高额资产减值、内部控制瑕疵及信息披露不充分等方面。同时，证交所会安排会计、法律以及行业相关的监管人员同时审核重点监管的公司，进而实现对公司财务报告信息系统、全面的审查。

年报问询函在年报披露结束后会一直延续。例如，2024年5月，沪深北交易所发出超过200份问询函，通常会采用"细入毛孔"的问询方式来逐条排查、审核财务报告的数据和信息，不仅会重点关注报告中存在的异常事项或疑惑事项，甚至财务报告中出现的笔误也会被问询。例如，2016年，中航重机被上海证券交易所出具财务报告问询函，主要原因是在财务报告中关于归属于少数股东权益填写错误；2018年泸天化营收同比增长了17.96%，深圳证券交易所发函要求企业说明营收大幅增长的合理性。证交所的问询，一般都会要求公司及时回函，如果公司未能在有效时间内回函或者回函不符合要求，证交所可能再次出具问询函，甚至针对重大错误，证交所有权对公司进行ST处理。例如，2020年，深圳证券交易所发函要求豫金刚石核实说明是否触及其他风险警示情形，而该公司并未及时做出回复说明，随后深圳证券交易所对该公司股票做出了停复牌处理。而且，在回函方面，若回复内容不够清楚、完整，证交所还可能进行多轮问询，也会实施其他风险警示及相关停牌处理（唐雪松等，2022）[89]。这种非处罚性的柔性监管制度能够在公司出现严重问题之前及时发现问题、进行警告，通过问询函的形式引起利益相关各方的关注，为其决策提供信息参考，产生警示效应。

从公司内部视角，被问询的公司应当正视证交所发函问询的问题，并及时合理回函，同时也应妥善做好善后工作。例如，企业高管应对问询涉及的问题予以重视，合理配置调整公司内部的人员结构。若公司高管因为问询带来的监管压力选择离职，公司需要从内外部聘用专业能力可以胜任的人员，同时也应注意提升内部信息披露质量和公司治理结构，以化解高管离职以及问询所带来的不利影响。基于此，上市公司应积极调整内部治理，寻求更高水平的管理者。同时，公司需积极查漏补缺，在被问询后，应积极提高公司信息披露质量，提高公司财务信息透明度，从而为分析师提供良好的信息环境，方便其有效地传递和解读信息。特别是当问询情况比较严重，企业自身信息质量较低时，应积极提升信息披露质量，使企业更符合监管制度的要求。

7.3 加强注册会计师行业监管

作为对社会公众负责的独立第三方，注册会计师本应在保证会计信息质量方面扮演基础性的"看门人"角色，然而，享有"经济警察"之称的注册会计师在我国却屡屡陷入审计失败的丑闻，更是被社会公众指责为上市公司财务造假的"帮凶"。特别是最近几年，康美药业、康得新、恒大地产等上市公司"肆无忌惮"地财务造假，反映出在复杂多变的商业环境中，会计师事务所行为合规与质量提升尤为关键。如何有效预防和治理违规行为，成为业界和监管机构共同关注的焦点。在这一背景下，探索会计师事务所违规行为防范与治理的实践和原则，不仅是提升行业信誉和服务质量的必由之路，更是确保资本市场稳健运行的重要保障。

7.3.1 建立健全会计师事务所质量管理

质量控制作为会计师事务所内部控制体系的关键组成部分，在提升事务所执业质量和防范审计风险方面发挥重要作用。事务所应视审计质量为生命，着实加强以质量为导向的文化建设，有效实施"质量导向"的人力资源管理体系，真正践行"公众利益重于自身商业利益"的执业理念，在财政部、监管机构及中注协的规制和指导下，努力将注册会计师行业打造成审计监督铁军，将法定监督服务职责履行到位（张龙平等，2021）[90]。

强化职业道德和培训对于预防违规从而打造事务所以质量为核心的文化至关重要。会计师事务所应定期开展职业道德教育和培训，帮助员工树立正确的职业价值观和行为规范。这包括对新员工的入职培训以及在职员工的持续教育，确保他们了解最新的法律法规和公司政策。对于职业道德考核成绩较差的注册会计师，可以有针对性地强化职业道德教育，对于职业道德严重缺失的注册会计师，应直接将其清出证券市场服务队伍，以保障职业道德落到实处，发挥对注册会计师行为的约束和规范作用，进而从审计主体出发，防范审计失败的发生（胡明霞、窦浩铖，2021）[91]。此外，事务所应鼓励员工在遇到伦理困境时积极寻求指导和支持，避免因道德判断失误而违规，从而增强员工的质量意识。

另外，在承接审计业务时，应保持谨慎态度，全面掌握客户行业的基本信息，对新客户的诚信状况进行全面评估，确保与前任审计机构的有效沟通。对于老客户，应及时关注其内外部环境的变化，若发现可能影响治理层或管理层诚信的因素，应审慎评估业务风险并采取相应措施以规避风险，必要时终止合作关系。事务所还应完善并严格执行三级或四级复核制度，进行全面内部复核，核查审计团队所做的重大判断及结论的正确性，评估审计过程中识别的特殊风险和应对措施的适当性，复查审计底稿中记录的审计程序执行情况，并对审计报告的合理性进行详尽复核。在复核或审计过程中，应该设立有效的监督与问责机制，事务所应建立独立的内部审计部门，定期对各项业务进行审查，及时发现和纠正潜在的违规行为。对于发现的违规情况，应明确责任人并采取相应的问责措施。这不仅可以震慑潜在的违规者，还能促使员工严格遵守规章制度，维护事务所的合规性。

7.3.2　建立高效的应对监管问询函机制

监管问询函是会计师事务所应对监管机构的一种重要工具，其处理效率直接影响会计师事务所的合规形象。问询函在会计师事务所治理中起着积极作用，扩展了交易所问询的监管边界，丰富了会计师事务所治理的政策思路（江承鑫等，2024）[92]。

会计师事务所应成立专门的问询函处理团队，负责审查和回应监管问询函。该团队应包括具备法律、合规和审计专业知识的成员，以确保回答的准确性和全面性。另外，会计师事务所应制定详细的问询函处理流程，包括接收、分析、回复和存档等环节。每个环节应有明确的时间节点和操作指南，确保在规定时间内提供完整的答复，避免因延误或不充分回答而导致进一步的监管问责。会计师事务所也可将典型的监管案例在内部进行推广，帮助注册会计师发挥学习效应，从而降低事务所整体的审计风险。

7.3.3　提高注册会计师专业能力

第一，注册会计师应保持职业怀疑态度。面对上市公司五花八门的造假手段，对注册会计师主观判断能力的要求也水涨船高。对于审计过程中识别到的异常风险点，应做到详尽调查，注重细节，以防潜在风险演变成实际问题。其次，针对银行回函、交易凭证等对当期业务至关重要的证据，应保持高度警惕，进行多重验证，以确保其真实性和准确性，杜绝任何造假的可能。最后，摒弃"经验主义"，避免根据以往经验对未经证实的事项做出最终判断。不论是在首次审计还是多次审计的环节中，都应保持质疑态度和警惕性，以规避潜在风险。

第二，提高专业能力。具备高水平职业能力的注册会计师能够保质保量地完成所承接的审计任务。应加强对注册会计师的继续教育。除了必须参加的中国注册会计师协会提供的后续教育课程外，注册会计师应积极参与更多的权威培训，确保其专业技能不断更新，以便有效识破上市公司不断变化的舞弊手段。

第三，深入了解被审计单位所在行业的特点和相关业务活动，避免在审计过程中因缺乏行业知识而被误导，导致错误识别重大错报风险。另外，在开展审计工作时，注册会计师需要严格按照有关的规定和制度，严格把控审计风险，以科学的方式对审计风险进行有效控制和预防，并合理调整会计师事务所的业务范围。当预定程序无法获取不可替代的审计证据时，必须执行替代程序，不能因时间和成本因素而依赖说服力不足的证据。对于明显存在矛盾或说服力不足的审计证据，应相应调整风险评估水平并采取适当的应对措施。

习近平总书记曾多次强调，审计是党和国家监督体系的重要组成部分，要努力构建权威高效的审计监督体系，增强审计监督合力。首先，注册会计师审计应与政府监督、单位内部监督形成"三位一体"的审计监督合力（周华等，2022）[93]。其次，合理划分政府监管机构的监督权限，发挥政府审计与内部审计的主导作用，建立统一高效的财会监督、审计监督信息共享平台，进而推动实现财会监督与审计监督的有机贯通和相互协调。

另外，目前我国对注册会计师行业实行以"政府管制为主，行业自律为辅"的监管体制，行政监管机构包括财政部、税务局和审计署等政府部门，行业自律组织包括中国注册会计师协会和各地协会组织。然而，由于监管主体之间缺乏合理分工与协调机制，监管职责不明确，这种监管体制存在检查范围不全面、监管重复和处罚标准不一致等诸多弊端。而美国设立 PCAOB 的实践经验表明，成立独立于业界的证券市场审计监管机构不仅有助于集中监管资源，代表政府统一行使审计监督权对会计师行业开展广泛监管，而且能够吸纳众多专业人才，以更加敏锐的嗅觉监测行业动态，识别财务舞弊等信息披露违规行为，从而进一步提升证券监管效率。随着我国法治建设的不断推进，审计相关的法律法规也应更加完善。一方面，应明确细化审计行为的界定，减少模糊的描述，尽可能缩小需要依赖职业判断的范围，从而确保审计行为有明确的法律依据；另一方面，应厘清各机构和部门对上市公司及会计师事务所的监管职能范围，避免监管职能重叠或空白。

参 考 文 献

[1] 班旭,姜英兵,徐传鑫.证监会随机抽查制度能否抑制公司违规?[J].现代财经（天津财经大学学报),2022,42（10）:93-113.DOI:10.19559/j.cnki.12-1387.2022.10.006.

[2] 滕飞,夏雪,辛宇.证监会随机抽查制度与上市公司规范运作[J].世界经济,2022,45（8）:109-132. DOI:10.19985/j.cnki.cassjwe.2022.08.007.

[3] 何雁,孟庆玺,常语萱.公司违规是否影响地区声誉?——基于地区内上市公司市场反应的研究[J].外国经济与管理,2023,45（11）:79-96.DOI:10.16538/j.cnki.fem.20221228.203.

[4] 徐细雄,占恒,李万利.卖空机制、双重治理与公司违规——基于市场化治理视角的实证检验[J].金融研究,2021（10）:190-206.

[5] 武晨,王可第.卖空机制真的可以抑制公司违规吗?——基于中国式融资融券的实证分析[J].云南财经大学学报,2020,36（10）:62-75.DOI:10.16537/j.cnki.jynufe.000635.

[6] 邹洋,张瑞君,孟庆斌,等.资本市场开放能抑制上市公司违规吗?——来自"沪港通"的经验证据［J］.中国软科学,2019（8）:120-134.

[7] 陆超,王宸.经济政策不确定性与公司违规行为[J].中南财经政法大学学报,2022（3）:17-28. DOI:10.19639/j.cnki.issn1003-5230.2022.0033.

[8] 胡海峰,窦斌,王爱萍.经济政策不确定性与上市公司违规:动因、机制与应对策略[J].现代财经（天津财经大学学报),2023,43（2）:36-53.DOI:10.19559/j.cnki.12-1387.2023.02.003.

[9] 董小红,潘成双,吕静.数字金融有助于降低企业违规吗?——基于A股上市公司的实证研究[J/OL]. 外国经济与管理,2024,46（9）:17-30. DOI:10.16538/j.cnki.fem.20240524.203.

[10] 吴世农,陈韫妍,王建勇.优化营商环境能够抑制公司违规行为吗?[J].财贸研究,2023,34（9）:96-110. DOI:10.19337/j.cnki.34-1093/f.2023.09.009.

[11] 牛彪,王建新,于翔.税收征管数字化升级与上市公司信息披露违规——"金税三期"工程的治理效应检验[J].西部论坛,2023,33（4）:47-60.

[12] 王伊攀,朱晓满.政府大客户能够制约上市公司违规吗?[J].上海财经大学学报,2022,24（3）:76-91. DOI:10.16538/j.cnki.jsufe.2022.03.006.

[13] 张弛,黄亮雄,王贤彬.高官落马与中国上市企业违规行为披露[J].经济社会体制比较,2020（6）:92-101.

[14] 潘子成,易志高,柏淑嫄.儒家文化能抑制企业信息披露违规吗?[J].管理学刊,2022,35（1）:102-123. DOI:10.19808/j.cnki.41-1408/F.2022.0008.

[15] 王菁华.彩票文化能够影响企业财务违规行为吗?——来自地区彩票消费的证据[J].审计与经济研究,2021,36（6）:70-80.

[16] 杨宜,赵一林.媒体类型、媒体关注与上市公司违规行为——基于倾向得分匹配法的研究[J].现代经济探讨,2017（12）:60-69.DOI:10.13891/j.cnki.mer.2017.12.008.

[17] 余怒涛,张华玉,秦清.非控股大股东与企业违规行为:治理抑或合谋[J].财务研究,2021(6):60-72. DOI:10.14115/j.cnki.10-1242/f.2021.06.004.

[18] 王敏,何杰.大股东控制权与上市公司违规行为研究[J].管理学报,2020,17(3):447-455.

[19] 张晨宇,武剑锋.大股东股权质押加剧了公司信息披露违规吗?[J].外国经济与管理,2020,42(5):29-41.DOI:10.16538/j.cnki.fem.20190926.003.

[20] 鲁春洋.股东关系网络与企业违规[J].中央财经大学学报,2023(4):53-65.DOI:10.19681/j.cnki.jcufe.2023.04.007.

[21] 蒋赛楠,杨柳勇,罗德明.违规事件在股东联结关联公司间的行为溢出效应[J].浙江大学学报(人文社会科学版),2023,53(2):133-154.

[22] 徐鹏,李廷刚,白贵玉.高管团队稳定性与上市公司违规行为关系研究[J].科学决策,2022(2):1-19.

[23] 乔菲,文雯,徐经长.纵向兼任高管能抑制公司违规吗?[J].经济管理,2021,43(5):176-191. DOI:10.19616/j.cnki.bmj.2021.5.011.

[24] 徐筱凤,李寿喜,黄学鹏.实际控制人、高管激励与上市公司违规行为[J].世界经济文汇,2019(5):90-101.

[25] 魏芳,耿修林.高管团队垂直薪酬差距与企业违规行为——基于管理层行为视角的研究[J].中国经济问题,2020(2):63-75.DOI:10.19365/j.issn1000-4181.2020.03.05.

[26] 陈华,王壮.分裂的高管团队会增加公司的违规行为吗?[J].上海财经大学学报,2024,26(3):108-122. DOI:10.16538/j.cnki.jsufe.2024.03.008.

[27] 王姝勋,郑雨桐.股票期权激励有助于减少企业违规吗?[J].上海金融,2024(1):43-55. DOI:10.13910/j.cnki.shjr.2024.01.004.

[28] 洪峰,陈晓艳,田园.中国式员工持股计划与公司违规:监督者抑或合谋者[J].南京审计大学学报,2024,21(1):56-66.

[29] 周泽将,王浩然,万明华.董事选举得票率与企业违规行为[J].外国经济与管理,2022,44(5):19-32. DOI:10.16538/j.cnki.fem.20220115.203.

[30] 刘思敏,郑建强,黄继承,等.独立董事换届"未连任"与公司违规行为[J].金融评论,2021,13(4):77-91+125-126.

[31] 陈丹,李红军.公司治理的性别视角:董事会性别结构对上市公司违规行为的影响[J].社会科学研究,2020(4):99-106.

[32] 刘振杰,顾亮,李维安.董事会非正式层级与公司违规[J].财贸研究,2019,30(8):76-87. DOI:10.19337/j.cnki.34-1093/f.2019.08.007.

[33] 雷啸,唐雪松,蒋心怡.董事高管责任保险能否抑制公司违规行为?[J].经济与管理研究,2020,41(2):127-144.DOI:10.13502/j.cnki.issn1000-7636.2020.02.009.

[34] 易颜新,王榕,叶继英.独立监事能减少企业违规行为吗?——基于"四大"审计的中介效应分析[J].南京审计大学学报,2022,19(2):9-18.

[35] 梁上坤,徐灿宇,司映雪.混合所有制程度与公司违规行为[J].经济管理,2020,42(8):138-154. DOI:10.19616/j.cnki.bmj.2020.08.009.

[36] 谢勇,王蕾茜,蒋忠莉."数字化翅膀"如何推动上市公司高质量发展——来自公司违规治理的经验证据[J].技术经济,2023,42(4):55-67.

[37] 李双燕,蒋丽华,卞舒晨.年报文本情绪与上市公司违规行为识别——基于机器学习文本分析方法的实证研究[J].当代经济科学,2023,45(6):97-109.DOI:10.20069/j.cnki.DJKX.202306008.

[38] 郭松林,宁祺器,窦斌.上市公司年报文本增量信息与违规风险预测——基于语调和可读性的视角[J].

统计研究,2022,39(12):69-84.DOI:10.19343/j.cnki.11-1302/c.2022.12.005.

[39] 张熠,徐阳,李维萍.基于LDA主题模型的上市公司违规识别——以中国A股上市银行为例[J].审计与经济研究,2022,37(5):107-116.

[40] 路军伟,王甜甜,方政.我国上市公司信披违规的底层逻辑与靶向优化[J].山东大学学报(哲学社会科学版),2022(6):71-83.DOI:10.19836/j.cnki.37-1100/c.2022.06.007.

[41] 段一奇,陈玲,吴江.上市公司信息披露违规驱动因素的结构关系解构[J].情报科学,2022,40(11):158-165+185.DOI:10.13833/j.issn1007-7634.2022.11.021.

[42] 毕金玲,韩倩雯,刘文平.ESG评级表现与上市公司违规行为[J].投资研究,2023,42(12):39-54.

[43] 肖奇,吴文锋.投资者关注具有治理功用吗?——基于公司违规行为的考察[J].经济评论,2023(3):152-168.DOI:10.19361/j.er.2023.03.10.

[44] 何理,冯科,陈蓓蓓.社交媒体网络中心度对上市公司违规的影响[J].首都经济贸易大学学报,2022,24(5):88-99.DOI:10.13504/j.cnki.issn1008-2700.2022.05.007.

[45] 陈峻,孙琳琳,鲍婧.审计监督、客户议价能力与上市公司财务违规[J].审计研究,2022(3):92-103.

[46] 周静怡,刘伟,陈莹.审计师行业专长与公司违规:监督还是合谋?[J].财贸研究,2022,33(3):79-93.DOI:10.19337/j.cnki.34-1093/f.2022.03.007.

[47] 袁芳英,朱晴.分析师关注会减少上市公司违规行为吗?——基于信息透明度的中介效应[J].湖南农业大学学报(社会科学版),2022,23(1):80-88.DOI:10.13331/j.cnki.jhau(ss).2022.01.010.

[48] 桂爱勤,龙俊雄.分析师跟踪对上市公司违规行为影响的实证分析[J].统计与决策,2018,34(10):171-173.DOI:10.13546/j.cnki.tjyjc.2018.10.040.

[49] 张斐燕,金涛,张文涛.抑制上市公司违规效应的内外部治理机制对比研究[J].上海金融,2022(11):64-79.DOI:10.13910/j.cnki.shjr.2022.11.006.

[50] 沈华玉,吴晓晖.上市公司违规行为会提升股价崩盘风险吗[J].山西财经大学学报,2017,39(1):83-94.DOI:10.13781/j.cnki.1007-9556.2017.01.007.

[51] 杨洁飞,李银珠.管理层薪酬机制与企业违规行为[J].河南社会科学,2022,30(8):90-104.

[52] 黄灿,王妙媛.信息披露违规对审计费用的影响[J].证券市场导报,2022(2):56-66.

[53] 王可第,武晨.高收费与高违规之谜——基于审计师与经理人共生博弈的解释[J].山西财经大学学报,2021,43(5):102-114.DOI:10.13781/j.cnki.1007-9556.2021.05.008.

[54] 辛宇,滕飞,顾小龙.企业集团中违规处罚的信息和绩效传递效应研究[J].管理科学,2019,32(1):125-142.

[55] 韩炜,刘道钦,郑国洪.公司违规与审计收费:违规公告异质性和作用机制[J].南京审计大学学报,2022,19(3):20-30.

[56] 鲁桂华,韩慧云,陈运森.会计师事务所非行政处罚性监管与IPO审核问询——基于科创板注册制的证据[J].审计研究,2020(6):43-50.

[57] 王旋.会计师事务所违规行为治理研究[D].南京:南京师范大学,2021.DOI:10.27245/d.cnki.gnjsu.2021.001663.

[58] 陈珊珊.瑞华会计师事务所违规案例分析[D].马鞍山:安徽工业大学,2018.

[59] 曾亚敏,宋尧清.经典审计质量度量指标在中国市场的有效性研究——基于会计师事务所执业违反具体审计准则视角[J].中山大学学报(社会科学版),2023,63(6):191-202.DOI:10.13471/j.cnki.jsysusse.2023.06.023.

[60] 曹松威.证券交易所问询函监管的外部公司治理效应研究[D].武汉:中南财经政法大学,2019.

[61] 李东方.上市公司监管法论[M].北京：中国政法大学出版社，2013.

[62] 崔喜君，王雯，王雪莹，等.成熟市场上市公司监管对我国的启示[C]//中国证券业协会，上海证券交易所，深圳证券交易所，中国证券登记结算公司，中国证券投资者保护基金有限公司.创新与发展：中国证券业2013年论文集.渤海证券股份有限公司，2013.

[63] 曾斌、金祥慧.强责任时代——新证券法时代的上市公司监管与治理[M].北京：中国法治出版社，2022.

[64] 刘明辉，汪玉兰.中国审计市场的管制、监管与发展[J].财经问题研究，2015（2）：86-94.

[65] 张庆龙.从事证券业务会计师事务所由审批制改为备案制的几点思考[J].财务与会计，2021（4）：72-73.

[66] 章贵桥，张东旭，田佳佳.非行政处罚性监管与权益资本成本——基于问询函监管的证据[J].财经论丛，2023（11）:57-68. DOI：10.13762/j.cnki.cjlc.2023.11.007.

[67] 陈运森，邓祎璐，李哲.非行政处罚性监管具有信息含量吗？——基于问询函的证据[J].金融研究，2018（4）:155-171.

[68] 陶雄华，曹松威.证券交易所非行政处罚性监管与审计质量——基于年报问询函信息效应和监督效应的分析[J].审计与经济研究，2019,34（2）:8-18.

[69] 周欢.交易所信息披露监管的市场反应研究[D].广州：暨南大学，2019. DOI：10.27167/d.cnki.gjinu.2019.001960.

[70] 吴浩哲.交易所监管函的市场反应及其影响因素研究[J].中国注册会计师，2020（7）：63-68.

[71] 陈运森，邓祎璐，李哲.证券交易所一线监管的有效性研究：基于财务报告问询函的证据[J].管理世界，2019,35（3）：169-185+208. DOI:10.19744/j.cnki.11-1235/f.2019.0042.

[72] 彭雯，张立民，钟凯，等.监管问询的有效性研究：基于审计师行为视角分析[J].管理科学，2019,32（4）：17-30.

[73] 刘建勇，张雪琪.非行政处罚性监管、公司违规与风险承担[J].财会通讯，2020（4）:77-81. DOI：10.16144/j.cnki.ussb1002-8072.20191224.001.

[74] 鲁晟迪.关于证券交易所问询函的文献综述[J].现代商业，2021（9）:121-123. DOI：10.14097/j.cnki.5392/2021.09.038.

[75] 王春峰，黄盼，房振明.非行政处罚性监管能预测公司违规吗?[J].经济与管理评论，2020,36(5):112-125. DOI：10.13962/j.cnki.37-1486/f.2020.05.010.

[76] 戴亦一，余威，宁博，等.民营企业董事长的党员身份与公司财务违规[J].会计研究，2017(6):75-81+97.

[77] 郑登津，袁薇，邓祎璐.党组织嵌入与民营企业财务违规[J].管理评论，2020,32（8）:228-243+253. DOI:10.14120/j.cnki.cn11-5057/f.2020.08.019.

[78] 王兵，何依，吕梦.CFO薪酬溢价和公司财务违规[J].审计研究，2019（2）:73-81.

[79] 杨雄胜.内部控制理论研究新视野[J].会计研究，2005（7）：49-54+97.

[80] 谢志华.内部控制、公司治理、风险管理：关系与整合[J].会计研究，2007（10）：37-45+95.

[81] 林钟高，丁茂桓.内部控制缺陷及其修复对企业债务融资成本的影响——基于内部控制监管制度变迁视角的实证研究[J].会计研究，2017（4）：73-80+96.

[82] 李连华.公司治理结构与内部控制的链接与互动[J].会计研究，2005（2）：64-69+95.

[83] 杨有红，李宇立.内部控制缺陷的识别、认定与报告[J].会计研究，2011（3）:76-80.

[84] 刘建伟，郑瞳.内部控制缺陷概念、分类与认定[J].财会月刊，2012（34）：74-75. DOI:10.19641/j.cnki.42-1290/f.2012.34.036.

[85] 中注协约谈会计师事务所 提示实际控制人涉嫌违法违规的上市公司年报审计风险防范[J].中国注册

会计师, 2022（5）: 20.

[86] 黄钦斌. 瑞幸咖啡信息披露违规及防范治理研究[D]. 广州：广东工业大学，2021.

[87] 仇立文. 内部控制审计功能与质量研究[D]. 北京：北京交通大学，2020.

[88] 方圣滢，王海燕. 深市退市新规实施效果与问题分析[J]. 证券市场导报，2022（11）: 42-47.

[89] 唐雪松，王琬婷，李闻. 证券交易所一线监管与公司CFO离职——基于财务报告问询函的视角[J]. 当代财经，2022（4）: 88-89.

[90] 张龙平，刘翠，刘襄生. 中国会计师事务所质量控制制度建设40年：回顾与展望[J]. 会计研究,2021（12）:149-161.

[91] 胡明霞，窦浩铖. 我国会计师事务所审计失败成因及治理[J]. 财会月刊, 2021（15）:101-106. DOI：10.19641/j.cnki.42-1290/f.2021.15.015.

[92] 江承鑫，刘媛媛，刘婉宙. 年报问询函的审计监管溢出效应——来自文本相似度的证据[J]. 会计研究，2024（3）:150-163.

[93] 周华，戴德明，刘俊海. 增强审计监督合力——基于注册会计师行业职能的历史考察[J]. 中国社会科学，2022（4）:83-101+206.